INSTRUCTIONS

CONCERNANT

L'ADMINISTRATION ET LA COMPTABILITÉ

DES HOSPICES,

DES BUREAUX DE BIENFAISANCE

ET DES ENFANS TROUVÉS.

AVIS.

On trouve chez Leblanc, Imprimeur-Libraire, rue de Furstemberg, n.° 8, Abbaye Saint-Germain-des-Prés, les Registres et Etats dont la présente Instruction prescrit la tenue à Messieurs les Comptables des Etablissemens de Bienfaisance.

INSTRUCTIONS

CONCERNANT

L'ADMINISTRATION ET LA COMPTABILITÉ

DES HOSPICES,

DES BUREAUX DE BIENFAISANCE

ET DES ENFANS TROUVÉS.

PARIS,

LEBLANC, IMPRIMEUR-LIBRAIRE,

RUE FURSTEMBERG, N.° 8, FAUBOURG SAINT-GERMAIN.

1823.

INSTRUCTIONS

Concernant l'Administration et la Comptabilité des Hospices, des Bureaux de Bienfaisance et des Enfans trouvés.

PREMIÈRE PARTIE.

DES CONSEILS DE CHARITÉ.

CHAPITRE PREMIER.

Organisation et Composition des Conseils de Charité.

Le préambule de l'ordonnance du 31 octobre 1821, ses dispositions, et la circulaire du 2 novembre, qui en a accompagné la transmission, ont suffisamment fait connaître les raisons qui ont déterminé la création des conseils de charité, et les avantages que doit produire cette association des hommes les plus considérables de chaque localité aux soins les plus importans de la bienfaisance publique. Les administrations qui auraient pu, dans les premiers momens, voir une surveillance incommode là où il n'y a qu'une utile coopération, sentiront de plus en plus que l'ordonnance du 31 octobre n'a voulu en cela que leur donner plus de force, que les entourer de plus de confiance, que mieux assurer l'assentiment public aux actes qui en ont le plus besoin, puisqu'ils disposent des intérêts des pauvres.

Quoique ces conseils soient établis pour aider les bureaux de bienfaisance comme les commissions des hospices, afin d'unir, par un lien de plus, des services qui ont entr'eux tant d'analogie; cependant l'ordonnance a voulu qu'il n'en fût point formé dans les villes ou communes où il n'existe point d'hospices. Le motif de cette restriction est facile à saisir. Autant il convient d'appeler des coopérations utiles, autant il convient de s'en abstenir là où cette utilité n'existe point : or, il serait sans objet de former des conseils de charité là où ils n'auraient à s'occuper que d'intérêts assez bornés pour qu'il suffise des administrations ordinaires. De même il n'en faut point former dans les communes dont l'hospice ne présenterait qu'une trop faible importance, ou dont la population n'offrirait point assez de ressources pour composer convenablement ces conseils. Ici l'application de la mesure est laissée au discernement des préfets : toutefois ils devront, dans ces cas, rendre compte au ministère de leurs raisons.

L'article 3 de l'ordonnance du 31 octobre 1821 déclare membres de droit des conseils de charité, les archevêques et évêques, les premiers présidens et procureurs généraux des cours royales, et à défaut de ceux-ci, les présidens et procureurs du Roi des tribunaux de première instance, les présidens des tribunaux de commerce, les recteurs des académies, le plus ancien des curés, les présidens des consistoires, les vice-présidens des chambres de commerce, et le plus ancien des juges-de-paix.

Indépendamment des membres de droit, les conseils de charité doivent, suivant le même article, être composés de cinq membres amovibles dans les villes ou communes ayant moins de cinq milles âmes, et de dix partout ailleurs; ces membres nommés et renouvelés dans les formes déterminées pour la nomination et le renouvellement des membres des commissions des hospices, et qui seront rappelées ci-après.

Pour la première formation des conseils dont la nomination appartient au ministre, les préfets pourront n'adresser qu'une liste double de candidats pour chaque place.

Les membres des conseils de charité doivent avoir leur domicile réel dans le lieu où siégent ces conseils. (*Article 5 de l'ordonnance du 31 octobre 1821.*)

Les membres sortans des commissions des hospices et des bureaux de bienfaisance doivent être choisis de préférence pour les places vacantes dans les conseils de charité. (*Art. 6.*)

De même, pour la première formation, les membres actuels de ces commissions et de ces bureaux, qui n'y seraient point conservés par suite de leur réduction au nombre déterminé, devront, de préférence, être nommés dans les conseils de charité.

Les conseils de charité seront présidés par celui des membres de droit qui se trouvera le premier nommé dans l'article 3 de l'ordonnance du 31 octobre.

CHAPITRE II.

Attributions des Conseils de Charité.

Les conseils de charité se réunissent, soit avec les commissions administratives des hospices, soit avec les bureaux de bienfaisance, pour délibérer sur les objets dont la connaissance leur est attribuée par l'ordonnance du 31 octobre 1821, et qui sont:

Les budgets annuels;

Les projets de travaux autres que ceux de simple entretien;

Les changemens dans le mode de gestion des biens;

Les transactions;

Les procès à intenter ou à soutenir;

Les emprunts;

Les placemens de fonds;

Les acquisitions, ventes et échanges d'immeubles;

Les comptes rendus, soit par l'administration, soit par les receveurs;

Les acceptations de legs ou donations,

Et les pensions à accorder à d'anciens employés.

Ces conseils ont tous les ans deux sessions ordinaires avec les commissions des hospices et avec les bureaux de bienfaisance. Ils peuvent être convoqués extraordinairement, mais seulement pour s'occuper des affaires qui donnent lieu à ces convocations. Les préfets déterminent d'avance les époques des sessions ordinaires, et prescrivent ou autorisent les autres réunions.

Les conseils de charité peuvent être convoqués, suivant l'article 10 de l'ordonnance du 31 octobre, lorsque des affaires, intéressant à-la-fois les hospices et les bureaux de bienfaisance, demanderont la réunion des deux administrations.

Il est évident, d'après les dispositions de l'ordonnance qui règlent et limitent l'intervention de ces conseils, que leurs attributions sont de même nature, à l'égard des administrations charitables, que les attributions des conseils municipaux à l'égard de l'administration des communes; que par conséquent l'administration proprement dite leur est interdite; qu'ils ne peuvent s'occuper que des objets qui leur sont attribués, se réunir que dans les formes et qu'en vertu des convocations exigées par l'ordonnance; enfin que leurs délibérations ne peuvent recevoir d'exécution qu'après avoir été dûment approuvées. Ces distinctions, ces sages limites sont indispensables; les préfets ne sauraient trop les faire observer : si elles étaient franchies, la responsabilité ne serait nulle part, et on tomberait peu-à-peu dans la confusion et dans le désordre.

Nous venons de voir que les attributions des conseils de charité sont de même nature que celles des conseils municipaux : il y a toutefois cette différence dans l'application, que lorsque le maire rend ses comptes au conseil municipal, il ne peut être présent aux délibérations dont ils sont l'objet, tandis que l'article 8 de l'ordonnance du 31 octobre 1821 dit formellement, que les conseils de charité se réuniront aux administrations charitables pour délibérer avec elles sur les diverses affaires dont la connaissance leur est attribuée par le même article et dont font partie les comptes rendus par les administrations.

C'est donc bien moins un contrôle que les conseils de charité exercent sur les actes des commissions des hospices et des bureaux de bienfaisance qui doivent leur être soumis, qu'un surcroît de lumières et de garantie qu'ils sont appelés à porter dans l'adoption de ces actes, pour l'examen desquels ces commissions et ces bureaux ne cessent point de coopérer avec eux.

L'initiative des affaires à soumettre aux conseils de charité appartient nécessairement aux commissions des hospices et aux bureaux de bienfaisance qu'elles concernent; ce qui suppose de leur part une première délibération pour les cas qui l'exigent, tels que les budgets, les comptes à rendre, etc.

SECONDE PARTIE.

DES HOSPICES.

TITRE PREMIER.

DES ADMINISTRATIONS DES HOSPICES ET DE LEURS AGENS.

CHAPITRE PREMIER.

Composition et Organisation des Administrations des Hospices.

L'article 1.er de l'ordonnance détermine le nombre légal des membres des commissions des hospices.

Il est de règle générale qu'une même commission administrative régit les divers hospices d'une même ville. Si cependant il arrivait que, dans les très-grandes villes possédant plusieurs de ces établissemens, il y eût nécessité, à cause de la différence de leur destination et de leurs intérêts, de former deux commissions au-lieu d'une, ou que l'importance et l'étendue du service de ces établissemens exigeâssent la coopération de plus de cinq administrateurs, le ministre pourrait consentir à solliciter une décision du Roi pour autoriser l'une et l'autre exception. Je dois toutefois faire observer que Son Excellence ne s'y déterminerait que sur des motifs assez puissans pour lui faire regarder la mesure comme absolument nécessaire, attendu, d'une part, que l'intervention des conseils de charité donne désormais aux administrations charitables une force et une garantie qu'elles n'avaient point auparavant, et que, d'autre part, l'expérience de tous les temps a suffisamment prouvé que l'administration souffre dans son action et dans sa responsabilité alors qu'elle se subdivise en un trop grand nombre de mains.

Les exceptions de cette nature seront donc extrêmement rares. Elles doivent être autorisées par le Roi, puisqu'il s'agit de déroger à une ordonnance royale. Sans une telle autorisation, toute commission administrative qui ne serait point formée en vertu des dispositions de l'ordonnance du 31 octobre, serait nécessairement irrégulière, et les préfets qui en toléreraient l'existence, compromettraient leur propre responsabilité.

Les maires sont membres et présidens nés des commissions administratives des hospices, et ils ne doivent point être comptés dans le nombre de cinq membres dont se composent ces administrations.

D'après l'article 1.er de l'ordonnance du 6 février 1818, les membres des commissions administratives des hospices sont nommés par les préfets, dans toutes les villes et communes dont ils nomment les maires.

Dans les villes dont les maires sont à la nomination du Roi, les membres des administrations des hospices sont nommés par le ministre de l'intérieur, sur l'avis des préfets. (*Article 2 de la même ordonnance.*)

La révocation des administrateurs nommés par les préfets ne peut être prononcée que par le ministre de l'intérieur, sur le compte qui lui est rendu par les préfets. (*Article 3 de la même ordonnance.*)

Les membres des commissions administratives doivent avoir leur domicile réel dans le lieu où siégent ces administrations. (*Article 5 de l'ordonnance du* 31 *octobre* 1821.)

Il convient d'éviter de placer dans les commissions plusieurs parens, du-moins lorsqu'ils se trouvent à un degré trop rapproché.

Elles doivent être renouvelées, chaque année, par cinquième. (*Ordonnance du 6 février 1818.*) Lorsqu'une administration n'a point encore été soumise au renouvellement, la sortie des membres doit être déterminée, pendant les quatre premières années, par la voie du sort; mais ensuite c'est le cinquième des membres de l'administration qui se trouve le plus ancien en exercice, qui doit être annuellement remplacé.

Il est de règle que les vacances survenues dans le cours de chaque année, par mort ou démission, comptent pour la sortie périodique. Il en résulte que, lorsque le cinquième d'une administration est renouvelé par suite de la mort ou de la démission d'un membre, il n'y a pas lieu à procéder dans la même année à d'autre renouvellement, et le membre ainsi nommé pour remplacer un administrateur décédé ou démissionnaire prend son tour d'ancienneté, à dater de sa nomination, indépendamment de la durée d'exercice que le membre remplacé avait encore à remplir.

Les règles prescrites pour la nomination et le renouvellement des commissions administratives des hospices, doivent être suivies pour la nomination et le renouvellement des conseils de charité et des bureaux de bienfaisance. (*Articles 3 et 4 de l'ordonnance du* 31 *octobre* 1821.)

D'après l'art. 5 de la même ordonnance, les mêmes individus peuvent être à-la-fois membres des commissions des hospices et des bureaux de bienfaisance, tandis que les membres de ces commissions ou de ces bureaux ne peuvent être en-même-temps membres des conseils de charité. Dans plusieurs départemens, les mêmes administrations régissent le service des hospices et celui des bureaux de bienfaisance; il en résulte des économies, un meilleur emploi de fonds, des secours réciproques, et par conséquent plusieurs sortes d'avantages pour les pauvres : c'est pour préparer et favoriser cette réunion, partout où elle sera jugée utile, que l'article 5 a permis que les mêmes individus pussent siéger dans l'une et l'autre administration. Je remarquerai néanmoins qu'il y a ici faculté et non obligation, et qu'il n'y a lieu d'user de cette faculté que là où des convenances locales le réclament ou le permettent.

L'article 6 veut qu'à chaque renouvellement, les membres sortans des conseils de charité soient choisis de préférence pour remplir les places vacantes dans les commissions administratives et dans les bureaux de bienfaisance, et que de même les membres sortans de ces administrations soient préférés pour les places vacantes dans les conseils de charité.

Les motifs de cette disposition s'expliquent facilement: c'est pour conserver les traditions, pour offrir aux personnes qui veulent bien se consacrer aux soins charitables, la perspective d'une plus longue utilité, et par conséquent pour les y intéresser davantage.

La nouvelle ordonnance ne prescrit, pour les renouvellemens, d'autres conditions d'éligibilité, que celles qui résultent de l'article dont il vient d'être parlé. Toutefois il sera convenable, lorsque les membres sortans des conseils, des commissions et des bureaux, ne seront point en nombre suffisant pour les remplacemens réciproques, que les préfets demandent, selon les cas, aux uns et aux autres, une présentation de candidats; bien entendu que cette présentation ne servira qu'à éclairer les choix et ne sera point obligatoire.

Dans tous les cas, les préfets présenteront au ministre, quant aux nominations qui lui sont réservées, trois candidats pour chaque place vacante; et ils lui adresseront, tous les ans, leurs propositions pour ces nominations, dans le courant d'août ou de septembre. Ce travail devra être rédigé en forme de tableau, suivant le modèle annexé à ces instructions, sous le n.° I; et il devra être transmis *en double expédition*.

Les préfets adresseront également à Son Excellence, avant le 1.er décembre, un relevé des nominations qu'ils auront faites, en exécution de l'article 1.er de l'ordonnance du 6 février 1818. Ce relevé sera rédigé suivant le modèle n.° II.

Le ministre ne pourrait qu'attribuer à un défaut de soin et de zèle tout retard dans ces opérations: il importe au bon service et au bon exemple que tous les renouvellemens soient opérés avant le 1.er janvier de chaque année.

CHAPITRE II.

Des Agens et Employés des Hospices.

SECTION PREMIÈRE.

Des Receveurs.

Les receveurs des hospices sont nommés par le ministre de l'intérieur, sur une liste de trois candidats présentés par les commissions administratives, et sur l'avis des préfets. (*Art.* 22 *de l'ordonnance du* 31 *octobre* 1821).

Ils sont chargés de recouvrer tous les revenus et de payer toutes les dépenses.

Il ne peut y avoir qu'un receveur pour les divers hospices d'une même ville.

Ils ne peuvent être membres de l'administration, ni parens ou alliés d'aucun de ces membres, jusqu'au degré de cousin-germain inclusivement.

Ils ne peuvent se rendre adjudicataires des biens des établissemens dont ils sont receveurs.

Ils ne peuvent être pris parmi

Les membres et greffiers des tribunaux,

Les juges-de-paix et leurs greffiers. (*Loi du* 24 *vendémiaire an* 3).

Ils ne peuvent être choisis parmi les notaires qu'en vertu d'une exception spéciale motivée sur les localités. (*Loi du* 25 *ventôse an* 11).

Les conseillers de préfecture ne peuvent non plus être chargés de semblables perceptions, attendu qu'ils sont appelés à statuer sur les comptes des receveurs.

Lorsque les recettes des hospices, réunies aux recettes des bureaux de bienfaisance, n'excèdent pas 20,000 fr., elles sont confiées à un même receveur; lorsqu'elles n'excèdent pas 10,000 fr., elles sont confiées au receveur municipal. Il peut n'y avoir qu'un même receveur pour les hospices et les bureaux de bienfaisance, et leurs recettes réunies peuvent être confiées au receveur municipal, lors même qu'elles s'élèvent au-dessus des proportions ci-dessus déterminées; mais dans ce cas, la mesure ne peut avoir lieu que du consentement des administrations respectives et des conseils de charité. (*Art.* 24 *de l'ordonnance du* 31 *octobre* 1821).

La disposition qui prescrit de confier au receveur municipal les recettes des hospices, lorsque, réunies aux recettes de bureaux de bienfaisance, elles n'excèdent pas 10,000, ne doit toutefois être considérée comme obligatoire que là où le receveur municipal a son domicile dans la commune où l'hospice est situé. Il y aurait trop de gêne pour le service à confier les recettes et surtout les paiemens à un comptable qui en serait éloigné de plusieurs lieues; ici la force des choses doit nécessairement servir à interpréter la règle: elle doit s'exécuter partout ailleurs, lors même que des personnes offriraient de se charger de la recette à titre gratuit.

Cette disposition a eu pour but non-seulement de procurer dans plusieurs cas des économies, mais de porter plus de régularité, plus de garanties dans la comptabilité. L'expérience en faisait de plus en plus sentir le besoin. Ici, l'absence des formes qui importent au bon ordre, compromet à-la-fois la responsabilité des gérans, celle des surveillans, et les intérêts des pauvres, qui souffrent de toute négligence, de toute omission dans les recettes, de tout laisser-aller dans les paiemens. C'est principalement pour les hospices qui, n'ayant que de faibles revenus, ne peuvent donner à un comptable que de modiques rétributions, que ces inconvéniens se sont fréquemment fait sentir. Celui qui se charge par zèle et gratuitement des soins dont il sagit, n'est pas toujours exempt des inconvéniens dont on vient de parler, parce qu'il se soumet rarement aux formes qui seules sont conservatrices en pareille matière. On n'aura rien à redouter de semblable en confiant ces petites recettes aux receveurs municipaux, habitués aux règles de la comptabilité, et offrant par cela même des garanties dont on ne peut se passer.

Il n'échappera point à MM. les préfets, ni aux administrations charitables, que les dispositions de la nouvelle ordonnance qui concernent les recettes, les paiemens et les comptes, ont eu en vue d'arriver à un meilleur ordre de choses; que tout est de rigueur, tout obligatoire, dans ses dispositions; que par conséquent ils ne sauraient trop tenir la main à les faire observer.

Le cautionnement et les remises des receveurs des hospices sont fixés par le ministre, sur la proposition des commissions administratives et l'avis des préfets, en observant les proportions déterminées pour le cautionnement et les remises des receveurs des communes. (*Art.* 22 *de l'ordonnance du* 31 *octobre* 1821).

D'après l'analogie consacrée par cette disposition, le cautionnement des receveurs des hospices doit être fixé au *dixième* des recettes ordinaires de ces établissemens. (*Art.* 83 *de la loi du* 28 *avril* 1816).

Quant aux remises, elles doivent être, en appliquant les dispositions du décret du 24 août 1812, fixées:

A raison de quatre pour cent sur les premiers 20,000 fr. des recettes ordinaires, pour les hospices dont les recettes se trouveront confiées aux receveurs des communes;

A raison de cinq pour cent sur les premiers 20,000 fr. des recettes ordinaires, pour les hospices dont les recettes seront confiées à des receveurs spéciaux;

Et pour tous les hospices, à raison d'un pour cent sur toutes les sommes excédent 20,000 fr., jusqu'à un million, et de demi pour cent sur toutes celles qui s'élèvent au-delà d'un million.

Ces tarifs ne sont qu'énonciatifs du *maximum* des traitemens, lesquels sont fixés, ainsi qu'on l'a dit, par le ministre, sur la proposition des commissions administratives et l'avis des préfets. Il serait superflu d'insister sur la convenance de rester, dans les fixations desdits traitemens, surtout pour les recettes considérables, au-dessous du *maximum* des remises, toutes les fois qu'on le pourra sans exposer les garanties nécessaires.

Suivant l'article 22 de l'ordonnance du 31 octobre 1821, les receveurs des hospices pourront être autorisés à faire leur cautionnement en immeubles, et leurs remises pourront être augmentées par exception, mais seulement là où des circonstances particulières l'exigeront, sur la proposition des commissions administratives et l'avis des conseils de charité.

Lorsqu'il y aura lieu à changement du receveur d'un hospice, la fixation de son traitement et de son cautionnement sera soumise au ministre, suivant les règles qui viennent d'être établies.

Les cautionnemens en numéraire sont versés, à titre de dépôt et de prêt, dans les caisses des monts-de-piété. S'il n'y a point de mont-de-piété dans la ville où sont les établissemens de charité, et qu'il y en ait un dans le département, celui-ci reçoit le dépôt. S'il y en a plusieurs, le préfet désigne celui qui doit le recevoir. S'il n'y en a pas dans le département, la désignation est faite par le ministre de l'intérieur. (*Art.* 23 *de l'ordonnance du* 31 *octobre* 1821).

Les monts-de-piété paient l'intérêt de ces dépôts au taux qui est réglé pour l'intérêt des cautionnemens versés dans les caisses de l'État.

En cas de remplacement ou de décès d'un receveur, le cautionnement qu'il a fourni n'est remboursé, à lui ou à ses ayant-cause, qu'en vertu d'une décision du ministre; et cette décision n'est prise que sur un arrêté du préfet, constatant que le receveur a rendu ses comptes dans les formes voulues par les réglemens, qu'ils ont été définitivement approuvés, et qu'il a été déclaré quitte et déchargé de sa gestion.

Dans le cas où il aurait cumulé avec ses fonctions celle de receveur de la commune ou d'un autre établissement public, son cautionnement comme receveur d'hospice ne sera remboursé qu'autant qu'il aura obtenu également son *quitus* pour ses autres gestions, et que le préfet en aura fait la déclaration.

SECTION II.

Des Contrôleurs et Agens comptables.

On a reconnu utile, dans les hospices dont les revenus sont considérables, de faire contrôler les recettes et les paiemens par un préposé spécial, sous le titre de *contrôleur;* et aussi de faire seconder les administrateurs, pour la direction du service intérieur, par des préposés auxquels on donne la dénomination d'*agens* ou d'*économes*.

Les *économes* reçoivent des mains du receveur de l'établissement tous les produits en nature, et dressent, pour en constater l'entrée dans les magasins, des procès-verbaux dont une expédition est remise au receveur pour sa décharge.

Ils emploient ces produits sur les mandats des ordonnateurs, et rendent en fin d'année un compte du mouvement des magasins qui leur sont confiés.

En aucun cas ils ne peuvent avoir un maniement de deniers, si ce n'est pour les menues dépenses, ainsi qu'il sera expliqué au chapitre III du titre IV.

En conséquence, soit qu'il devienne nécessaire d'acheter des denrées ou grains pour subvenir aux besoins de l'établissement; soit qu'il y ait lieu, au contraire, à vendre des parties de grains ou denrées excédant les besoins du service, les économes dressent l'état de situation des magasins. Sur le vu de cet état, l'administration prend les mesures prescrites ci-après (titre II, chapitre II) pour les adjudications; et lorsque l'adjudication est passée, l'acte est remis au receveur de l'établissement, qui recouvre le produit des ventes ou acquitte le prix des achats.

D'après l'art. 18 de l'ordonnance du 31 octobre 1821, les économes ou agens comptables sont nommés par les préfets, sur la présentation de trois candidats par les commissions administratives.

La même règle doit s'appliquer aux *contrôleurs*.

Ces agens sont révocables par les préfets; mais leur révocation n'est définitive qu'après avoir été approuvée par le ministre.

SECTION III.

Des Médecins, Chirurgiens et Pharmaciens.

Les médecins, chirurgiens et pharmaciens des hospices sont également nommés par les préfets, sur la présentation de trois candidats désignés par la commission administrative. (*Article* 18 *de l'ordonnance du* 31 *octobre* 1821.)

Leur révocation ne peut avoir lieu que comme il a été dit pour les contrôleurs et économes. (*Même article de l'ordonnance.*)

D'après l'article 27 de la loi du 19 ventôse an 11 [10 mars 1803], les médecins et chirurgiens chargés en chef du service des hospices ne peuvent être pris que parmi des médecins et chirurgiens reçus suivant les anciennes formes, ou par des docteurs reçus suivant les formes nouvelles.

Cette règle ne peut recevoir d'exception que dans le cas où il ne se trouve pas de docteurs dans les lieux où les hospices sont situés, ou lorsque ceux qui y existent ne réunissent pas les qualités nécessaires pour que le service des hospices puisse leur être confié.

Il ne peut être créé aucune nouvelle place de médecin, chirurgien ou pharmacien, dans les hospices, sans l'autorisation du ministre (*Décision du* 15 *mars* 1816.)

SECTION IV.

Des Employés et Servans.

Les employés, autres que ceux désignés dans les sections précédentes, les servans, domestiques, infirmiers et gens de peine attachés à l'administration et au service des hospices, sont à la nomination de l'administration, et révocables par elle. (*Art.* 18 *de l'ordonnance du* 31 *octobre* 1821.)

Le nombre et les traitemens des employés et gens de service sont réglés par le préfet, sur la proposition de la commission administrative.

Les commissions administratives et les préfets doivent veiller, avec la plus sévère attention, à ce que le nombre des employés ne dépasse pas celui qu'exigent strictement les besoins du service : on ne saurait trop se prémunir contre l'abus d'employer à salarier des préposés inutiles, des revenus destinés à soulager le pauvre. L'expérience a prouvé que dans les hôpitaux de malades, il suffit en général que le nombre des employés et servans attachés au service direct des malades soit réglé à raison d'un pour dix malades, et que dans les hospices de valides, il peut n'être que d'un pour quinze indigens. Les préfets prendront soin que ces proportions ne soient pas dépassées, à moins de circonstances particulières.

SECTION V.

Des Sœurs hospitalières.

Le service intérieur des hospices peut être confié à des sœurs de charité tirées des congrégations hospitalières autorisées par le Gouvernement.

Les commissions administratives se concertent avec les congrégations hospitalières pour régler le nombre des sœurs à attacher aux hospices, et les conditions de leur admission; mais les conventions qu'elles arrêtent à cet égard, ne sont définitives qu'après avoir été approuvées par le ministre, sur l'avis des préfets. (*Décret du* 18 *février* 1809.)

Les sœurs de charité attachées au service des hospices sont placées, quant aux rapports spirituels, sous la juridiction de l'évêque du diocèse dans lequel les hospices sont situés. Elles sont placées, quant aux rapports temporels, sous l'autorité des administrations des hospices, et tenues de se conformer aux réglemens de ces établissemens.

Les sœurs que leur âge ou leurs infirmités rendraient incapables de continuer leur service, pourront être conservées à titre de reposantes, à moins qu'elles n'aiment mieux se retirer, auquel cas il pourra leur être accordé des pensions, si elles ont le temps de service exigé, et si les revenus des hospices le permettent. (*Article* 19 *de l'ordonnance du* 31 *octobre* 1821.)

TITRE II.

DE L'ADMINISTRATION INTÉRIEURE DES HOSPICES.

CHAPITRE PREMIER.

Des Assemblées de l'Administration et des Réglemens.

Les commissions administratives des hospices ne doivent délibérer qu'à la majorité des membres qui les composent.

Elles élisent, tous les six mois, dans leur sein, un vice-président, qui supplée, en cas d'absence, le maire, président né.

L'ordonnance du 31 octobre 1821 n'a point dérogé aux dispositions du décret du 31 juillet 1806, d'après lequel les fondateurs d'hospices qui se sont réservé, par leurs actes de libéralité, le droit de concourir à la direction des établissemens qu'ils ont dotés, et d'assister, avec voix délibérative, aux séances de leurs administrations, ont dû être rétablis dans l'exercice de ces droits, pour en jouir concurremment avec les commissions administratives.

D'après le même décret, le ministre doit fixer, sur une proposition spéciale des préfets et l'avis des commissions administratives, les règles suivant lesquelles les droits des fondateurs seront exercés, et ceux-ci doivent se conformer aux lois et réglemens qui dirigent l'administration des hospices.

Ces dispositions sont applicables aux héritiers des fondateurs décédés appelés par les actes de fondation à jouir des droits mentionnés dans l'article 1.er du même décret. (*Article 2.*)

Ainsi les fondateurs ou héritiers des fondateurs qui ont été ou qui seraient rétablis dans les droits qui leur avaient été réservés, continueront d'assister aux séances des commissions administratives avec voix délibérative.

Le service intérieur de chaque hospice doit être régi par un réglement particulier proposé par la commission administrative et approuvé par le préfet. (*Article 17 de l'ordonnance du 31 octobre 1821.*)

Il est à désirer que ces réglemens soient rédigés dans un ordre uniforme; ils doivent déterminer :

1.° Le nombre et l'ordre des séances des commissions administratives ;
2.° La nature des maladies et des infirmités qui sont traitées dans chaque hospice ;
3.° Le nombre des lits assignés à chaque espèce d'indigens ;
4.° Le mode d'admission et de renvoi des indigens et des malades ;
5.° La tenue des livres et registres ;
6.° Le nombre, la classification et les attributions des employés et gens de service ;
7.° Le régime alimentaire des diverses classes d'employés et d'indigens par portions entières, demi-portions et quarts de portion ;
8.° L'organisation du service de santé;
9.° Les règles à suivre pour l'inspection et l'entretien des bâtimens des hospices et de leur mobilier ;
10.° Les règles particulières de comptabilité à suivre dans chaque établissement;
11.° La police intérieure des hospices.

Les commissions administratives doivent s'occuper immédiatement de rédiger un semblable réglement pour les hospices qui n'en ont pas, et de réviser, d'après ces nouvelles instructions, les réglemens déjà existans.

Les préfets veilleront à ce que les réglemens de tous les hospices de leurs départemens soient examinés et approuvés par eux dans le cours de 1823.

A mesure que chaque réglement sera approuvé, ils en enverront une copie au ministre, pour qu'il puisse leur adresser les observations auxquelles ces réglemens pourraient donner lieu.

Les commissions administratives adresseront, au commencement de chaque trimestre, aux préfets, l'état du mouvement de la population des établissemens confiés à leur administration, pour le trimestre précédent.

Les préfets dresseront et enverront au ministre, dans le mois de février de chaque année, un relevé de ces états, rédigé conformément au modèle annexé à ces instructions sous le n.° III.

CHAPITRE II.

Des Approvisionnemens et du Mobilier.

Suivant l'article 8 de la loi du 16 messidor an 7 [4 juillet 1799], tout marché pour fournitures d'alimens ou autres objets nécessaires aux hospices, doit être adjugé, dans une séance publique de la commission, en présence de la majorité des membres, après affiches mises un mois avant l'adjudication. L'adjudicataire doit fournir un cautionnement déterminé dans le cahier des charges, et le marché doit ne recevoir son exécution qu'après avoir été approuvé par le préfet.

Il existe cependant quelquefois, soit dans la nature des approvisionnemens, soit dans les localités, des circonstances qui peuvent rendre la voie des marchés à l'amiable préférable à celle des adjudications publiques. Jusqu'à-présent, le ministre seul était compétent pour autoriser des exceptions; elles pourront être désormais autorisées par les préfets, qui sentiront sans doute la nécessité de s'y refuser et de faire observer la règle générale, alors surtout qu'il s'agira d'approvisionnemens considérables, et que des motifs suffisans ne détermineront pas l'exception.

Il doit être dressé, dans chaque hospice, par les soins de la commission administrative, un inventaire exact et complet du mobilier de l'établissement.

Les objets mobiliers achetés dans le cours de l'année, et ceux qui auront été mis hors de service, doivent y être exactement notés; et à la fin de chaque année, l'inventaire sera soumis à un entier récolement.

CHAPITRE III.

De l'Exercice du Culte.

Les administrations des hospices ne peuvent établir des chapelles ou des oratoires particuliers dans l'intérieur de ces établissemens, qu'après en avoir obtenu l'autorisation du Gouvernement, sur l'avis du préfet et celui de l'évêque diocésain. (*Loi du* 18 *germinal an* 10.)

Les aumôniers et chapelains attachés aux hospices sont nommés par les évêques diocésains, sur la présentation de trois candidats proposés par les commissions administratives. (*Art.* 18 *de l'ordonnance du* 31 *octobre* 1821.)

Tout le casuel provenant de l'exercice du culte dans les chapelles ou oratoires des hospices, doit tourner exclusivement au profit de ces établissemens, et rentrer dans la masse de leurs revenus.

Les aumôniers et chapelains attachés aux hospices doivent être tenus d'exécuter les fondations pour services religieux dont ces établissemens se trouvent chargés.

TITRE III.

DE LA GESTION DES BIENS.

CHAPITRE PREMIER.

Des Biens-Fonds.

SECTION PREMIÈRE.

Dispositions générales.

D'après un avis du conseil-d'état, approuvé le 7 octobre 1809, les administrations des hospices ne devaient exploiter par elles-mêmes aucune de leurs propriétés, sans y avoir été formellement autorisées, savoir, par les préfets, lorsque les propriétés sont d'un revenu de 1,000 francs et au-dessous; par le ministre de l'intérieur, lorsque le revenu est au-dessus de 1,000 francs et au-dessous de 2,000; et par le Roi, lorsque le revenu excède 2,000 francs.

Le Roi a voulu, par son ordonnnnce du 31 octobre 1821, diminuer les formalités auxquelles étaient assujéties les affaires des hospices, et d'après l'article 15, les préfets peuvent approuver les délibérations des commissions administratives qui auront pour objet d'être autorisées à exploiter leurs propriétés, quel qu'en soit le revenu.

La délibération de la commission administrative devra seulement être accompagnée de l'avis du conseil de charité. (*Art.* 8 *de l'ordonnance du* 31 *octobre.*)

Les préfets devront, au reste, ne pas perdre de vue les principes qui avaient dicté l'avis du conseil-d'état du 7 octobre 1809, et n'accorder qu'avec beaucoup de réserve aux administrations charitables l'autorisation d'exploiter par elles-mêmes leurs propriétés.

Il est en général plus avantageux et plus conforme aux principes d'une bonne administration, d'affermer les domaines des établissemens de charité; et cette règle ne doit ordinairement recevoir d'exception que pour les jardins, les champs et les prés qui sont à la proximité des hospices, et pour les bois, qu'on ne peut guère affermer sans inconvénient.

SECTION II.

Des Maisons et Biens ruraux.

Les baux des maisons et biens ruraux appartenant aux hospices, pour la durée ordinaire, doivent être adjugés aux enchères, par-devant un notaire désigné par le préfet; et le droit d'hypothèque sur les biens du preneur doit y être stipulé par désignation. (*Art.* 1.er *du décret du* 12 *août* 1807.)

Le cahier des charges de l'adjudication et de la jouissance doit être préalablement dressé par la commission administrative. Le sous-préfet donne son avis, et le préfet approuve ou modifie ledit cahier des charges. (*Art.* 2 *du même décret.*)

Les affiches pour l'adjudication sont apposées dans les lieux accoutumés, un mois à l'avance, et de quinzaine en quinzaine; un extrait doit être inséré dans le journal du lieu de la situation de l'établissement, ou, à défaut, dans celui du département. Il est fait mention du tout dans l'acte d'adjudication. (*Art.* 3 *du décret du* 12 *août* 1807, *et art.* 13 *de la loi du* 5 *novembre* 1790.)

Un membre de la commission administrative assiste aux enchères et à l'adjudication, et celle-ci n'est définitive qu'après l'approbation du préfet. (*Art.* 4 *et* 5 *du même décret.*)

Le délai pour l'enregistrement des baux est de quinze jours, à compter de la remise aux notaires de l'approbation du préfet. (*Décision du ministre des finances du* 26 *novembre* 1811.)

Le ministre s'était réservé, jusqu'à-présent, de prononcer sur les cas particuliers où il pourrait être utile de dispenser les hospices de la formalité des enchères, pour les baux des biens de ces établissemens.

D'après l'article 15 de l'ordonnance du 31 octobre 1821, les préfets peuvent maintenant autoriser ces exceptions, sur la demande des commissions administratives; mais ils sentiront qu'elles doivent être fort rares, et être motivées sur des considérations qui rendraient inutile ou désavantageuse la formalité des enchères.

Les baux emphytéotiques ne peuvent avoir lieu qu'en vertu d'une ordonnance du Roi. (*Art.* 1.er *du décret du* 7 *germinal an* 9, *et art.* 14 *de l'ordonnance du* 31 *octobre* 1821.)

Ces baux ne peuvent être autorisés que sur la production des pièces suivantes:

1.° La délibération de la commission administrative;

2.° La délibération du conseil de charité;

3.° Une information *de commodo vel incommodo;*

4.° L'avis du conseil municipal;

5.° L'avis du sous-préfet;

6.° L'avis du préfet.

La délibération de la commission doit indiquer les clauses, charges et conditions auxquelles le preneur sera assujéti.

Les grosses et menues réparations, les contributions de toute espèce, doivent naturellement faire partie des charges qu'il faut lui imposer. Les constructions, marnages, plantations et améliorations que les fermiers auront pu faire dans le cours de leurs baux, doivent profiter exclusivement aux hospices à l'expiration des baux, sans qu'ils aient à payer aux fermiers ou à leurs représentans aucune espèce d'indemnité.

Le mode de paiement du prix des baux doit être stipulé; et, en général, pour mettre les hospices à l'abri des chances désavantageuses, il est préférable de stipuler le prix en nature, rachetable au prix des mercuriales.

Il importe d'exiger du concessionnaire un cautionnement; le plus sûr moyen est de l'obliger à verser dans la caisse des hospices ou du mont-de-piété une somme déterminée, imputable par portions sur chacune des dix dernières années du bail.

L'information *de commodo vel incommodo* est une enquête qui tend à faire connaître l'utilité ou le préjudice qui peut résulter de l'opération. Elle doit faire connaître la situation des biens, l'état actuel tant des bâtimens que des terres, l'utilité qu'il peut y avoir pour l'établissement à mettre le domaine hors de ses mains pour un temps déterminé, l'avantage qui pourra en résulter, tant pour la décharge des réparations et impositions qu'à raison des améliorations qu'un preneur à long terme pourrait y faire. Il ne suffit pas de constater que nul n'a réclamé contre la mesure proposée, on doit avoir soin d'appeler comme témoins les personnes qui peuvent y être intéressées; si même on connaît des personnes qui soient d'un avis contraire, il sera bon de les faire entendre, afin de balancer les inconvéniens et les avantages.

SECTION III.

Des Bois.

La loi du 29 septembre 1791 a soumis les bois des hospices au régime forestier; et l'arrêté du Gouvernement, du 19 ventôse an 10, a statué que leur administration, leur garde et leur surveillance seraient confiées aux mêmes agens que les bois de l'État.

La nomination des gardes de bois des hospices est soumise, par les administrations de ces établissemens, à l'approbation du conservateur de l'arrondissement. (*Loi du* 9 *floréal an* 11.)

Lorsque l'administration forestière juge convenable de confier au même individu la garde d'un canton de bois appartenant à des hospices et d'un canton de bois de l'État, la nomination est faite par elle seule. (*Même loi.*)

Il ne peut être fait de coupes, même ordinaires, dans les bois des hospices, que d'après les procès-verbaux d'assiettes, balivages et martelages des agens de l'administration forestière. (*Loi du* 29 *septembre* 1791.)

Aucune coupe ne peut se faire dans les quarts de réserve des bois des hospices, qu'en vertu d'une ordonnance du Roi, rendue sur le rapport du ministre des finances. (*Art.* 1.er *de l'ordonnance du* 7 *mars* 1817.)

Hors les cas de dépérissement des quarts de réserve, les coupes ne doivent être accordées que pour cause de nécessité constatée, et qu'en cas de guerre, incendies, grêle, inondations, épidémies, épizooties, ruines, démolitions, pertes et accidens extraordinaires. (*Article* 2 *de la même ordonnance.*)

Les demandes des administrations des hospices pour la coupe des quarts de réserve sont transmises au ministre des finances par les préfets, avec leur avis; mais ils doivent en-même-temps instruire de cet envoi le ministre de l'intérieur, en lui donnant connaissance des motifs sur lesquels les demandes sont fondées, afin qu'il puisse les appuyer auprès du ministre des finances, s'il y a lieu.

Les adjudications des coupes extraordinaires sont faites par-devant les sous-préfets, au chef-lieu de l'arrondissement, en présence des agens forestiers et d'un représentant de la commission administrative; le tout d'après un cahier des charges concerté entre les agens forestiers et la commission. (*Art.* 3 *de l'ordonnance du* 7 *mars* 1817.)

La même voie doit être suivie pour l'adjudication des coupes ordinaires.

Un état indicatif de la date des adjudications, de la contenance et du prix des coupes adjugées, et de l'époque des échéances des traites souscrites par les adjudicataires, doit être transmis par les préfets au ministre de l'intérieur. (*Même article de l'ordonnance.*) Il résulte de ces dispositions, que les administrations des hospices ne peuvent exploiter elles-mêmes les coupes de bois de ces établissemens, et qu'elles doivent toujours les mettre en adjudication.

Le prix des coupes est stipulé payable en traites aux échéances fixées par le cahier des charges. (*Art.* 4 *de la même ordonnance.*)

Pour les coupes ordinaires, les traites souscrites par les adjudicataires doivent être remises aux receveurs des hospices, pour le produit, au fur et à mesure de leur échéance, être employé aux dépenses ordinaires de ces établissemens. (*Art.* 9 *de l'ordonnance du* 7 *mars* 1817.)

Quant aux coupes extraordinaires, les traites doivent être remises aux receveurs-généraux de départemens, qui sont chargés d'en faire le recouvrement sous leur responsabilité. (*Art.* 4 *de la même ordonnance.*)

Lorsque l'adjudication n'excède pas la somme de 1,000 francs, les receveurs-généraux font le recouvrement des fonds, à titre de placement en compte courant au trésor royal, pour être tenus, avec les intérêts qui en proviennent, à la disposition des administrations des hospices, sur l'autorisation des préfets. (*Article* 1.er *de l'ordonnance du* 5 *septembre* 1821.)

Les receveurs-généraux reçoivent sous les mêmes conditions et au même titre :

1.° La somme de 1,000 francs, sur les coupes extraordinaires dont la vente n'excède pas 5,000 francs;

2.° Le cinquième du produit des coupes dont l'adjudication excède 5,000 f. (*Art.* 2 *de la même ordonnance.*)

Le surplus du prix des adjudications est versé par les receveurs-généraux, au fur et à mesure de l'échéance des traites, dans la caisse des dépôts et consignations; et ces receveurs sont tenus d'en justifier au préfet dans la huitaine du jour du recouvrement, à défaut de quoi ils sont déclarés comptables des intérêts des sommes qu'ils ont touchées, pour chaque jour de retard qu'ils auraient mis dans leur versement. (*Art.* 7 *de l'ordonnance du* 7 *mars* 1817.)

Les fonds déposés à la caisse des dépôts y sont tenus à la disposition du ministre de l'intérieur, et successivement reversés, sur son autorisation, dans la caisse des hospices, pour être employés, sous la surveillance des préfets, aux dépenses extraordinaires qui ont motivé les coupes accordées, ou qui pourraient être ultérieurement approuvées. (*Art.* 8 *de la même ordonnance.*)

Quant aux fonds versés directement dans la caisse des hospices, ils ne doivent, non plus que les autres, être employés qu'aux dépenses extraordinaires qui ont motivé les coupes ou qui pourraient être ultérieurement et régulièrement approuvées.

Les remises et taxations des receveurs-généraux ne peuvent excéder deux et demi pour cent du montant intégral des traites dont le recouvrement leur est confié. Si le montant intégral des traites excède 20,000 fr., les remises et taxations ne sont prélevées qu'à raison d'un pour cent du surplus de leur montant. (*Art.* 5 *de l'ordonnance du* 7 *mars* 1817.)

Cette disposition ne règle que le *maximum* des remises à accorder, et les préfets doivent chercher à obtenir qu'elles soient fixées au-dessous de ce taux. Ils doivent d'ailleurs les régler, à la fin de chaque année, d'après la masse de la valeur des traites versées entre les mains des receveurs-généraux, pour toutes les coupes des communes, hospices et autres établissemens publics de leur département.

CHAPITRE II.

Des Rentes et Capitaux, des Prêts et des Emprunts.

Le remboursement des capitaux dus aux hospices peut toujours avoir lieu quand les débiteurs se présentent pour se libérer; mais ceux-ci doivent avertir les administrations un mois d'avance, pour qu'elles avisent, pendant ce temps, aux moyens de placement, et requièrent les autorisations nécessaires. (*Avis du Conseil-d'État, approuvé le* 21 *décembre* 1808.)

Les administrations des hospices peuvent employer en rentes sur l'État, sans aucune autorisation, les capitaux remboursés à ces établissemens. (*Même avis.*)

Mais elles ne peuvent faire aucun autre emploi de ces capitaux, que sur l'autorisation du préfet, lorsqu'ils n'excèdent pas 500 francs; sur l'autorisation du ministre, lorsqu'ils s'élèvent de 500 francs à 2,000 fr.; sur l'autorisation du Roi, lorsqu'ils s'élèvent au-dessus de 2,000 francs. (*Décret du* 16 *juillet* 1810.)

Pour tous les placemens de ce genre, les propositions des administrations doivent être soumises aux conseils de charité. (*Art.* 8 *de l'ordonnance du* 31 *octobre* 1821.)

Pour placer en rentes sur l'État les capitaux remboursés, il suffit de les verser dans la caisse du receveur-général du département, qui les emploie en inscriptions départementales.

Les administrations des hospices et les préfets doivent se persuader que le placement en rentes sur particuliers offre presque toujours, pour les établissemens publics, beaucoup d'inconvéniens. Tel débiteur, aujourd'hui solvable, peut cesser de l'être. D'ailleurs, par l'effet des partages qu'entraînent les successions, les rentes se trouvent souvent dues par un grand nombre de débiteurs, et le recouvrement en devient de plus en plus difficile et onéreux.

Le placement en rentes sur l'État présente, au contraire, la plus grande sécurité, un intérêt plus avantageux, et un recouvrement toujours facile, régulier et sans frais.

Ces considérations doivent porter les administrations des hospices à demander l'autorisation d'aliéner, au taux le plus avantageux possible, pour en employer le montant en rentes sur l'État, les rentes sur particuliers que ces établissemens possèdent, et notamment les rentes qui leur ont été transférées en vertu de l'arrêté du Gouvernement, du 15 brumaire an 9, et qui sont la plupart tellement modiques et tellement disséminées, que le recouvrement en est extrêmement difficile et dispendieux.

Ces administrations doivent aussi ne pas perdre de vue que lorsque les fonds provenant des recettes courantes resteraient sans emploi dans la caisse du receveur, il y a utilité de les placer au trésor royal, conformément aux instructions du ministre des finances, du 7 mars 1818.

Le versement en est fait aux caisses des receveurs des finances, qui, ainsi qu'il a été dit ci-dessus pour les produits des coupes de bois, portent les fonds placés au crédit des établissemens, et les tiennent à leur disposition, pour être remboursés, dès que le service l'exige, sur l'autorisation du maire président de la commission administrative.

Enfin, les administrations ne peuvent faire aucun emprunt, sans en avoir obtenu l'autorisation du Gouvernement, sur l'avis du conseil de charité, l'avis du conseil municipal et celui du préfet.

Elles peuvent recevoir sur la simple autorisation des préfets, lorsqu'elles n'excédent pas 500 francs :

1.° Les sommes offertes en placement à rente viagère et à fonds perdu par les pauvres existans dans ces établissemens ;

2.° Les sommes offertes pour l'admission des pauvres dans les hospices.

Lorsque ces sommes excédent 500 francs, l'autorisation du Gouvernement est nécessaire.

L'intérêt annuel des fonds placés en rente viagère ne peut être au-dessus de dix pour cent du capital. (*Décret du 23 juin 1806.*)

CHAPITRE III.

Des Acquisitions, Aliénations et Echanges.

Les administrations des hospices ne peuvent faire aucune acquisition, aucune vente ni aucun échange d'immeubles, qu'en vertu d'une ordonnance du Roi.

Pour faire autoriser les acquisitions, les préfets doivent produire, avec leur avis :

1.° Une délibération de la commission administrative qui indique la nécessité ou les avantages de l'acquisition projetée;

2.° Un procès-verbal d'estimation de l'objet à acquérir;

3.° Une soumission du propriétaire, portant engagement de vendre au prix convenu avec la commission administrative;

4.° Une délibération du conseil de charité;

5.° Une délibération du conseil municipal;

6.° L'avis du sous-préfet.

Pour les aliénations, les pièces à produire sont :

1.° Une délibération de la commission administrative, qui indique les avantages de l'aliénation projetée et l'emploi qui sera fait de son produit;

2.° Un procès-verbal d'estimation de l'objet à mettre en vente;

3.° Une délibération du conseil de charité;

4.° Une délibération du conseil municipal;

5.° L'avis du sous-préfet et celui du préfet.

Pour les échanges:

1.° Une délibération de la commission administrative, qui indique les avantages de l'échange projeté;

2.° Un procès-verbal d'estimation *contradictoire* des objets qu'il est question d'échanger;

3.° Une soumission de la personne qui consent à échanger;

4.° Une délibération du conseil de charité;

5.° Une délibération du conseil municipal;

6.° L'avis du sous-préfet et celui du préfet.

Toute vente d'immeubles appartenant aux hospices doit être faite par adjudication publique, à la chaleur des enchères, à moins que l'ordonnance du Roi qui a autorisé l'aliénation n'ait fait, par des circonstances particulières, une exception à ce principe.

Et on rappelle, à cette occasion, que les lois interdisent formellement aux administrateurs des établissemens publics de se rendre adjudicataires, sous peine de nullité, des biens appartenant à ces établissemens et confiés à leurs soins. (*Art. 1596 du Code civil et 175 du Code pénal*).

CHAPITRE IV.

Des Legs et Donations.

Suivant l'article 910 du Code civil, les dispositions entre-vifs ou par testament au profit des hospices ne peuvent recevoir leur effet qu'autant qu'elles sont autorisées.

Lors même qu'un legs ou une donation sont faits à une personne tierce, sous la condition d'en appliquer le montant à un hospice, l'administration de cet établissement doit intervenir pour demander l'autorisation de les accepter, et elle doit surveiller l'exécution de la disposition.

Les administrations des hospices peuvent, sur l'autorisation des préfets, accepter et employer à leurs besoins, comme recette ordinaire, les dons et legs qui sont faits à ces établissemens, soit en numéraire, soit en meubles, soit en denrées, lorsque leur valeur n'excède pas 300 fr. et qu'ils sont faits à titre gratuit. Les dons et legs en argent ou objets mobiliers dont la valeur excède 300 fr., les donations et legs d'immeubles, quelle qu'en soit la valeur, et toutes dispositions à titre onéreux, ne peuvent être acceptés qu'en vertu de l'autorisation du Roi. (*Arrêté du Gouvernement du 4 pluviôse an 12, et ordonnance du 2 avril 1817.*)

En attendant l'acceptation des legs, les receveurs des hospices doivent faire tous actes conservatoires qui seront jugés nécessaires.

Lorsque les préfets proposent d'autoriser l'acceptation d'une donation ou d'un legs fait aux hospices, ils doivent faire connaître si ces libéralités ont donné ou peuvent donner lieu à quelques réclamations, et produire:

1.° Un extrait du testament en ce qui concerne le legs fait aux hospices, ou une expédition authentique de l'acte de donation;

2.° Une délibération de la commission administrative;

3.° Une délibération du conseil de charité;

4.° L'avis du sous-préfet;

5.° L'avis du préfet.

Dans le cas où le legs est fait à titre onéreux et qu'il y a doute sur l'avantage de l'acceptation, ou lorsqu'il y a réclamation de la part des héritiers, il faut soumettre l'affaire au conseil municipal et produire sa délibération.

Enfin, si le testament parait pouvoir donner lieu à quelques difficultés, le comité consultatif des hospices doit être consulté, et son avis doit être joint aux pièces ci-dessus indiquées.

CHAPITRE V.

Des Réparations et Constructions.

Par ses ordonnances des 8 août et 31 octobre 1821, le Roi a voulu diminuer les lenteurs qu'entraînait la nécessité de recourir à l'autorisation du ministre ou à celle de Sa Majesté pour tous les travaux excédant la somme de 1,000 fr.

Aux termes de l'article 16 de l'ordonnance du 31 octobre, les commissions des hospices peuvent ordonner, sans autorisation préalable, les réparations et autres travaux dont la dépense n'excède pas 2,000 fr.

Aux termes de l'article 14 de la même ordonnance, et de l'article 4 de l'ordonnance du 8 août 1821, les réparations, constructions et reconstructions de bâtimens appartenant aux hospices peuvent être adjugées et exécutées sur la simple approbation des préfets, lorsque la dépense n'excède pas 20,000 fr.

Lorsque la dépense excède 20,000 fr., les plans et devis doivent être soumis au ministre de l'intérieur.

Il importe de veiller à ce que la latitude accordée par ces nouvelles dispositions ne ramène pas les abus qu'on avait voulu faire cesser lorsqu'on l'avait restreinte, et ne porte pas les administrations des hospices à se livrer à des dépenses inutiles ou disproportionnées avec leurs ressources.

Dans ce but, quelques explications sur l'application des dispositions qui précèdent paraissent nécessaires.

D'abord il est à remarquer que l'article 8 de l'ordonnance du 31 octobre 1821, appelle les conseils de charité à délibérer sur les projets de travaux autres que ceux de simple entretien. L'article 16 ne forme point une exception à ce principe, et conséquemment les administrations des hospices ne peuvent faire exécuter, sans l'avis des conseils de charité, que les réparations *de simple entretien*, lorsqu'elles n'excèdent pas 2,000 fr.

Secondement, ils ne peuvent faire exécuter des réparations ou des travaux quelconques, même jusqu'à concurrence de cette somme, qu'autant que les fonds pour couvrir la dépense ont été alloués au budget. S'ils ne l'ont pas été, elles ne peuvent faire exécuter les travaux qu'après avoir obtenu de l'autorité compétente une allocation supplémentaire.

Enfin, pour que la nécessité d'obtenir l'autorisation des préfets, en ce qui excédera 2,000 fr., ne se trouve pas éludée par la formation de devis partiels qui, isolément, n'atteindraient pas cette somme, tandis que, réunis, ils la dépasseraient, il doit être bien entendu que la totalité des travaux pour une même réparation ne doit pas excéder 2,000 fr., sans que l'autorisation du préfet soit nécessaire pour régulariser la dépense.

Quant aux travaux soumis à l'approbation des préfets, ces administrateurs prendront toutes les mesures propres à en constater l'utilité ou la nécessité. Ils exigeront, à l'appui des délibérations qui leur seront transmises, un exposé des vues à remplir, les plans et devis des travaux à exécuter, et l'avis du sous-préfet, si l'hospice est situé hors de l'arrondissement du chef-lieu de la préfecture. Ils feront examiner par des hommes de l'art, dignes de leur confiance, les projets formés dans les localités; et s'ils croient devoir les soumettre à l'examen du conseil des bâtimens civils, ils pourront les adresser au ministère.

Lorsque les travaux excèdent 20,000 fr., les plans et devis doivent être transmis, avec les délibérations de la commission administrative, du conseil de charité, et les avis du sous-préfet et du préfet, au ministre de l'intérieur, pour qu'il provoque l'autorisation royale, s'il y a lieu.

Tous les travaux qui seraient exécutés sans avoir été autorisés dans les formes prescrites, resteront à la charge de ceux qui les auront entrepris ou ordonnés, ou des comptables qui en auront acquitté le montant.

Les réparations ordinaires et de simple entretien qui n'excèdent pas *mille francs*, peuvent être exécutées sans employer la voie de l'adjudication publique.

Les réparations qui excèdent cette somme et tous les travaux de constructions et de reconstructions ne peuvent être adjugés que par voie d'adjudication publique, après deux publications par affiches, en assemblée générale de l'administration, et en présence du sous-préfet ou du maire. L'adjudication a lieu au rabais entre les soumissions déposées au secrétariat de l'administration, qui sont jugées à la majorité des voix dans le cas d'être admises à concourir et présentant une garantie suffisante pour leur exécution. L'adjudication n'est définitive qu'après avoir été ratifiée par le préfet. Jusqu'à la notification de cette ratification, l'adjudicataire peut se désister de son adjudication, en consignant la différence qui se trouve entre ses offres et celles du dernier moins-disant. (*Décret du 10 brumaire an 14.*)

On croit utile d'annexer à ces instructions (n.° IV), une notice rédigée par un des membres les plus éclairés du conseil des bâtimens civils, sur les principales dispositions à observer dans les bâtimens des hospices. Cette notice pourra être consultée avec fruit par les personnes qui auront à préparer ou à examiner les projets de construction ou de reconstruction des bâtimens de ce genre.

CHAPITRE VI.

Des Pensions.

Un décret du 7 février 1809 a établi un fonds de pensions de retraite pour les employés des hospices de Paris, au moyen d'une retenue exercée sur leurs traitemens.

Une ordonnance du Roi du 6 septembre 1820 a statué que, lorsque les administrations des autres hospices croiront devoir demander qu'il soit accordé des pensions à leurs employés, la liquidation en sera faite d'après les bases fixées par les articles 12 et suivans, jusqu'à 22 inclusivement, du décret du 7 février 1809.

Les retenues que subissent les employés des hospices de Paris sur leurs traitemens, leur donnent droit aux pensions réglées par ce décret du 7 février. Dans les hospices des provinces, le nombre des employés n'étant pas assez considérable pour que de telles retenues pussent suffire à leurs pensions, celles-ci ne sauraient résulter d'un droit, et ne sont que facultatives de la part des administrations, qui, ne pouvant les imputer que sur les propres fonds des hospices, les accordent ou les refusent, selon qu'elles les croient méritées et que les ressources disponibles leur en donnent les moyens. L'ordonnance du 6 septembre n'a donc eu pour objet que de déterminer les bases d'après lesquelles ces pensions peuvent être liquidées.

La liquidation devra être proposée dans la délibération que la commission administrative prendra à cet effet.

Le conseil de charité sera ensuite appelé à donner son avis, et le tout sera ensuite adressé par le préfet au ministre, qui proposera au Roi d'accorder la pension s'il y a lieu.

On croit devoir rapporter ici le texte des dispositions du décret du 7 février 1809, qui sont applicables aux pensions à accorder aux employés de tous les hospices.

« Art. 12. Les droits à une pension de retraite ne pourront être réclamés qu'après trente ans de service effectif, pour lequel on comptera tout le temps d'activité dans d'autres administrations publiques qui ressortissaient au Gouvernement, quoique étrangères à celle dans laquelle les postulans se trouvent placés, et sous la condition qu'ils auront au-moins dix ans de service dans les hospices.

» La pension pourra cependant être accordée avant trente ans de service, à ceux que des accidens, l'âge ou des infirmités rendraient incapables de continuer les fonctions de leurs places, ou qui, par le fait de la suppression de leur emploi, se trouveraient réformés après dix ans de service et au-dessus, dont cinq ans dans l'administration des hospices, et les autres dans les administrations publiques qui ressortissaient au Gouvernement.

» Art. 13. Pour déterminer le montant de la pension, il sera fait une année moyenne du traitement fixe dont les réclamans auront joui pendant les trois dernières années de leur service.

» Les indemnités pour logement, nourriture et autres objets de ce genre (les gratifications exceptées), seront considérées comme ayant fait partie du traitement fixe, et évaluées en conséquence pour former le montant de la pension et des retenues.

» Art. 14. La pension accordée après trente ans de service sera de la moitié de la somme réglée par l'article précédent.

» Elle s'accroîtra du vingtième de cette moitié pour chaque année de service au-dessus de trente ans.

» Le *maximum* de la retraite ne pourra excéder les deux tiers du traitement annuel du réclamant, calculé, comme il est dit dans l'article qui précède, sur le terme moyen des trois dernières années de son service.

» Art. 15. La pension accordée avant trente ans de service, dans le cas prévu par le second paragraphe de l'art. 12, sera du sixième du traitement, pour dix ans de service et au-dessous.

» Elle s'accroîtra d'un soixantième de ce traitement, pour chaque année de service au-dessus de dix ans, sans pouvoir excéder la moitié du traitement.

» Art. 16. Les pensions et secours aux veuves et aux orphelins ne seront accordés qu'aux femmes et aux enfans des employés décédés en activité de service, avec droit acquis à une pension de retraite, ou jouissant déjà de cette pension.

» Les veuves ne pourront y prétendre qu'autant qu'à l'époque du décès de leurs maris, elles se trouvaient dans la cinquième année de leur mariage, et n'auraient pas divorcé; elles perdront leurs droits à la pension en contractant un nouveau mariage.

» La quotité des secours annuels accordés aux veuves et orphelins sera fixée d'après les règles suivantes:

» Art. 17. Les pensions des veuves des employés décédés sans aucun enfant au-dessous de l'âge de quinze ans, seront du quart de la retraite dont jouissaient leurs époux, ou à laquelle ils avaient droit à l'époque de leur décès.

» Dans le cas où le décédé aurait laissé à la charge de sa veuve un ou plusieurs enfans au-dessous de quinze ans, la pension pourra être augmentée, pour chacun de ses enfans, de cinq pour cent de la retraite qui aurait été réglée pour le décédé, et sans toutefois que la totalité de la somme accordée à la veuve, tant pour elle que pour ses enfans, puisse jamais excéder le double de celle qu'elle eût obtenue dans la première hypothèse.

» Si le décédé laisse, outre sa veuve et les enfans qu'il a eus de son union avec elle, des enfans nés de précédens mariages, il pourra être accordé à ces derniers, pour le temps déterminé par les articles suivans, des pensions et secours proportionnés à leur état d'isolement; mais dans ce cas, les pensions assignées tant à la veuve et à ses enfans qu'aux enfans des autres lits, seront calculées de manière à ne pouvoir outrepasser la moitié de la pension dont aurait joui le père de famille.

» Art. 18. Si la veuve décède avant que les enfans provenant de son mariage avec son défunt mari aient atteint l'âge de quinze ans, la pension sera réversible à ses enfans, qui en jouiront, comme les autres orphelins jouiront de la leur, par portions égales, jusqu'à l'âge de quinze ans accomplis, mais sans réversibilité des uns aux autres enfans.

« Art. 19. Si les employés ne laissent pas de veuves, mais seulement des orphelins, il pourra être accordé à ces derniers des pensions de secours, jusqu'à ce qu'ils aient atteint l'âge de quinze ans : la quotité des secours sera fixée, pour chacun, à la moitié de ce qu'aurait eu la mère si elle avait survécu à son mari, et ne pourra excéder, pour tous les enfans ensemble, la moitié de la pension à laquelle leur père aurait eu droit, ou dont il jouissait.

» La pension qui pourrait revenir, d'après les précédentes dispositions, à un ou plusieurs de ces enfans, leur sera conservée pendant toute leur vie, s'ils sont infirmes, et, par l'effet de ces infirmités, hors d'état de travailler pour subvenir à leurs besoins.

» Art. 20. Les employés élevés dans les hospices ne pourront faire valoir leurs services qu'à compter de l'âge de vingt-un ans révolus, et du moment où ils auront été pourvus d'un emploi avec jouissance d'un traitement de 1,000 francs et au-dessus, tant en argent qu'en logement et nourriture.

» Art. 21. En cas de concurrence entre plusieurs réclamant la pension, l'âge et les infirmités d'abord, et ensuite l'ancienneté de service, donneront droit à la préférence.

» Art. 22. L'absence pour service militaire, par l'effet de la réquisition ou de la conscription, n'est pas considérée comme interruption de service pour les employés qui ont déjà rempli ou remplissent encore ce devoir, ou qui y seraient appelés par la suite.

» Les années de service militaire ne sont, comme celles passées dans tout autre emploi, comptées chacune que pour une année.

CHAPITRE VII.

Du Contentieux.

Il doit être établi, dans chaque arrondissement, un comité consultatif des hospices, composé de trois jurisconsultes choisis par le préfet.

Ce comité est appelé à donner son avis sur toutes les affaires contentieuses qui intéressent ces établissemens. Ses fonctions sont gratuites.

Les administrations ne peuvent défendre à des actions judiciaires, ou en intenter, qu'après en avoir obtenu l'autorisation du conseil de préfecture, sauf recours au conseil-d'état.

Le conseil de charité doit aussi donner son avis sur les procès à intenter où à soutenir par les administrations des hospices. (*Article 8 de l'ordonnance du 31 octobre 1821.*)

Ainsi, toutes les fois que la commission administrative a à intenter ou à soutenir une action judiciaire, elle doit d'abord soumettre l'affaire à l'examen du comité consultatif de l'arrondissement; le conseil de charité est ensuite appelé à donner son avis; et toutes les pièces sont transmises au conseil de préfecture, qui accorde ou refuse l'autorisation de plaider.

Il faut, toutefois, remarquer que les receveurs des hospices peuvent, sans l'autorisation du conseil de préfecture ni l'avis du conseil de charité, faire contre les débiteurs en retard les exploits, significations, commandemens et poursuites nécessaires. Ce n'est que lorsqu'il y a opposition de la part des débiteurs, que l'action judiciaire est engagée et qu'il y a lieu de suivre les formalités ci-dessus rappelées.

Il ne peut être fait de transaction sur les intérêts des hospices, qu'en vertu d'une autorisation royale. (*Article* 2045 *du Code civil*).

Les pièces que les préfets doivent adresser au ministre pour obtenir cette autorisation sont :

1.° Une expédition authentique de la transaction ou du projet de transaction;

2.° Un avis du comité consultatif;

3.° Une délibération de la commission administrative;

4.° Une délibération du conseil de charité, ou du conseil municipal, là où il n'existe pas de conseil de charité;

5.° L'avis du sous-préfet;

6.° L'avis du préfet.

TITRE IV.

DE LA COMPTABILITÉ.

CHAPITRE PREMIER.

Dispositions générales.

Les revenus des hospices situés dans une même commune doivent être perçus par un seul et même receveur. (*Arrêté du Gouvernement du 23 brumaire an 5.*)

Il doit être, toutefois, tenu des écritures et des comptes distincts des recettes et des dépenses relatives à chaque établissement.

Un des membres de chaque administration est chargé, sous le titre d'*ordonnateur*, de la signature de tous les mandats à délivrer pour l'acquittement des dépenses. (*Décret du 7 floréal an 13.*)

Dans les établissemens où l'importance des revenus l'exige ou le rend utile, les recettes et les paiemens sont contrôlés par un préposé spécial, sous le titre de *contrôleur*, qui tient registre de tous les fonds qui entrent dans la caisse ou qui en sortent. (*Article 6 du décret du 7 floréal an 13.*)

L'expérience a prouvé combien, dans les grandes administrations, est nécessaire cette surveillance journalière et continue des recettes et paiemens. Le contrôleur tient un registre appelé *contrôle du journal*, sur lequel il transcrit tous les articles de recette et de dépense que fait le receveur. Il tient en outre des registres particuliers à chaque hospice, sur lesquels il porte les ordonnances expédiées pour chacun d'eux. Il tient enfin un registre des oppositions formées entre les mains de l'administration au paiement des sommes qu'elle peut avoir à faire payer; il y transcrit à côté de l'enregistrement de chaque opposition les *mains-levées* consenties ou ordonnées par les tribunaux. Ces divers registres doivent être cotés et paraphés par l'ordonnateur, qui doit vérifier tous les mois, ou plus souvent s'il est nécessaire, si les journaux de la caisse et ceux du contrôle se correspondent exactement.

Toutes les quittances à donner aux débiteurs doivent être contrôlées, sans quoi elles ne sont pas valables.

Les mandats délivrés par l'ordonnateur pour le paiement des dépenses sont présentés d'abord au contrôleur, qui examine les pièces justificatives. Si elles sont en bonne forme, et s'il n'existe aucune opposition au paiement, il les vise et transcrit l'ordonnance sur ses registres; et le receveur ne doit payer que d'après la mention mise par le contrôleur sur la quittance du mandat.

L'administration des hospices de chaque commune doit faire tenir un sommier général des biens, rentes et revenus quelconques appartenant à ces hospices; et il importe que ce sommier soit revu et rectifié chaque année, selon les changemens survenus dans la dotation des hospices.

Les commissions administratives ne peuvent faire que les dépenses autorisées suivant les règles déterminées par l'ordonnance du 31 octobre 1821. (*Art. 20 de cette ordonnance.*)

CHAPITRE II.

Des Budgets.

Tous les hospices doivent présenter un budget de leurs recettes et de leurs dépenses.

Les budgets excédant en revenus ordinaires 100,000 francs, pour les divers établissemens régis par une même administration, doivent être soumis à l'approbation du ministre de l'intérieur. (*Article 13 de l'ordonnance du* 31 *octobre* 1821.)

Les autres sont définitivement réglés par les préfets.

Les conseils municipaux tiennent au mois de mai leur session ordinaire, et c'est dans cette session qu'ils déterminent la subvention à accorder aux hospices sur les octrois ou autres revenus des communes. Il est dès-lors nécessaire que, pour les hospices qui reçoivent des subventions sur les communes, les budgets soient dressés dans le courant d'avril de chaque année, pour l'année suivante; et qu'après avoir été examinés par le conseil de charité (*art.* 8 *de l'ordonnance du* 31 *octobre* 1821), ils soient, avec son avis, remis au conseil municipal dans le cours de sa session ordinaire, pour que ce conseil délibère sur l'ensemble du budget, et en particulier sur la subvention à accorder sur les revenus de la commune.

Si, dans l'intervalle de la session ordinaire des conseils municipaux à l'expiration de l'année, il survenait des circonstances de nature à apporter des changemens dans les besoins des hospices, l'administration pourrait présenter un budget supplémentaire qui serait soumis au conseil de charité et au conseil municipal, pour être approuvé par l'autorité compétente.

Lorsque les hospices ne reçoivent pas de subvention sur les revenus des communes, leurs budgets n'ont pas besoin d'être soumis aux conseils municipaux, et ils peuvent n'être dressés qu'au mois d'octobre.

On a joint à ces instructions, sous le n.° V, le modèle que doivent suivre les administrations des hospices pour la rédaction de leurs budgets.

Les administrations et les préfets remarqueront que, suivant ce modèle, on doit porter dans le budget l'évaluation en argent des revenus en nature, de quelque espèce que ce soit. C'est le seul moyen de pouvoir apprécier la situation des hospices et leurs besoins, et de pouvoir comparer leurs dépenses : car tel établissement a des revenus considérables en nature, tel autre n'en a pas ; si le premier les dissimule, on ne peut plus reconnaître ni arrêter l'excès des dépenses auxquelles il se livrerait. Les revenus en nature devront être évalués, pour les principales denrées, suivant le prix moyen des mercuriales de l'année précédente, au marché le plus voisin : une note annexée au budget fera connaître la quotité en nature de ces revenus, et l'évaluation donnée à chaque espèce de produit.

Ces observations s'appliquent aux travaux au profit des hospices, faits par les indigens admis dans ces établissemens. Leur produit doit figurer dans le budget.

Par les mêmes motifs, on doit avoir soin de porter en dépense, aux articles *blé, farine et pain, vin, comestibles et menus objets de consommation*, l'évaluation des grains, boissons, denrées, légumes, etc., qui sont recueillis en nature et consommés dans l'établissement.

Mais pour prévenir les embarras et la confusion que l'expérience a fait reconnaître dans la comptabilité des établissemens qui ont cumulé les recettes et dépenses en *nature* avec les recettes et dépenses en *argent*, il est devenu indispensable de distinguer ces opérations, qui, en effet, diffèrent essentiellement entre elles.

Le budget les présente donc dans des chapitres séparés, et cette distinction sera par suite également établie dans les écritures, ainsi que dans les comptes finaux des receveurs.

En aucun cas, les préfets ne devront approuver ni soumettre à l'approbation du ministre un budget qui présenterait un déficit, les dépenses ne devant jamais excéder les recettes.

CHAPITRE III.

Des Obligations des Receveurs, et des Ecritures.

Les receveurs des hospices sont tenus de faire, sous leur responsabilité, toutes diligences pour la perception des revenus, et pour le recouvrement des legs, donations et autres ressources ; de faire faire contre les débiteurs en retard, et à la requête de l'administration à laquelle ils sont attachés, les exploits, significations, poursuites et commandemens nécessaires ; d'avertir les administrateurs de l'échéance des baux, d'empêcher les prescriptions, de veiller à la conservation des domaines, droits, priviléges et hypothèques ; de requérir, à cet effet, l'inscription au bureau des hypothèques, de tous les titres qui en sont susceptibles, et de tenir registre desdites inscriptions, et autres poursuites et diligences. (*Article 1.er de l'arrêté du Gouvernement, du* 19 *vendémiaire an* 12.)

Pour remplir ces obligations, les receveurs peuvent se faire délivrer par l'administration une expédition en forme de tous les contrats, titres, déclarations, baux, jugemens et autres actes concernant les domaines dont la perception leur est confiée, ou se faire remettre par tous dépositaires lesdits titres ou actes, sous leur récépissé. (*Article* 2 *du même arrêté.*)

Ils sont soumis aux dispositions des lois relatives aux comptables des deniers publics, et à la même responsabilité. (*Article* 5 *du même arrêté.*)

Les poursuites des receveurs contre les débiteurs en retard doivent s'étendre jusqu'à la saisie-exécution des meubles. (*Instruction du ministre de l'intérieur, du* 3 *brumaire an* 11.)

Les poursuites ultérieures sont exercées par le maire président de la commission administrative, qui demande au conseil de préfecture l'autorisation nécessaire à cet effet, conformément aux règles tracées dans le chapitre VII, intitulé : *du Contentieux*.

Les receveurs des hospices ne peuvent, dans le cas où elle n'a point été ordonnée par les tribunaux, donner la main-levée des oppositions formées pour la conservation des droits des pauvres et des hospices, ni consentir aucune radiation, changement ou limitation d'inscriptions hypothécaires, qu'en vertu d'une décision spéciale du conseil de préfecture, prise sur une proposition formelle de l'administration, et l'avis du comité consultatif. (*Arrêté du Gouvernement, du* 11 *thermidor an* 12.)

L'art. 21 de l'ordonnance du 31 octobre 1821 rappelle que ces comptables ont seuls qualité pour recevoir et pour payer, en tout ce qui concerne les revenus et les dépenses ; le même article fortifie cette disposition en déclarant qu'à l'avenir les recettes et les paiemens effectués sans l'intervention des receveurs, ou faits de toute autre manière en contravention à l'ordonnance, donneront lieu à toutes répétitions et poursuites de droit.

On ne saurait trop appeler l'attention des receveurs et des administrations de charité sur l'importance de cette disposition, dont la stricte exécution peut seule rétablir ou maintenir l'ordre dans la comptabilité : malgré les instructions données en 1805, sur le décret du 7 floréal an 13, il est encore des hospices où s'est maintenu l'usage de confier, soit à un administrateur, soit à l'économe, soit à la supérieure des sœurs, une caisse particulière qui reçoit divers produits et acquitte diverses dépenses : c'est un abus qui ne peut plus subsister sans attirer des poursuites sur les personnes qui s'y exposeraient.

Tout ce qui est recette, tout ce qui est dépense, doit figurer dans les écritures et la comptabilité du receveur.

Il est également comptable des revenus en nature, et doit constater, dans ses écritures, toutes les opérations qui s'y rattachent.

Mais ces opérations ne pouvant, sans qu'il en résulte de graves inconvéniens pour l'ordre et la clarté des écritures, être constatées sur les mêmes livres de comptabilité que les recettes et dépenses en deniers, les receveurs auront à tenir des registres distincts qui seront indiqués ci-après, et sur lesquels les recettes et dépenses en nature seront enregistrées de manière à présenter les quantités de grains ou denrées, ainsi que leur évaluation en argent, d'après le prix moyen des mercuriales dont le tarif sera arrêté par l'administration.

Les receveurs sont personnellement responsables de tout paiement qui ne résulterait pas d'une autorisation régulière. (*Article 20 de l'ordonnance du 31 octobre 1821.*)

Par suite de cette disposition, ils ne peuvent, dans leurs paiemens, excéder les allocations portées au budget, à moins d'une autorisation spéciale émanée de l'autorité qui a approuvé le budget, sous peine, par eux, de voir rejeter de leurs comptes les paiemens qu'ils auraient faits sans cette autorisation.

Doivent aussi être rejetés des comptes, tous paiemens non appuyés du mandat de l'ordonnateur et des pièces justificatives dont la dépense est susceptible. (*Article 7 du décret du 7 floréal an 13.*)

Les pièces justificatives à fournir à l'appui des mandats, en ce qui concerne les fournitures et les travaux, sont :

1.° La délibération de l'administration qui a autorisé la dépense;

2.° Le procès-verbal d'adjudication approuvé dans les formes voulues par la loi, ou la soumission légalement acceptée, pour les cas où cette voie peut être admise;

3.° Le mémoire détaillé des objets fournis;

4.° Un procès-verbal de réception ou de livraison, certifié par l'un des membres de l'administration ;

5.° Les quittances des parties, duement visées par le contrôleur, s'il y en a un ;

6.° La décision du préfet ou du ministre, ou l'ordonnance du Roi qui a autorisé la dépense, dans le cas où elle serait de nature à exiger une semblable autorisation. (*Art. 8 du décret du 7 floréal an 13.*)

Quant aux menues dépenses auxquelles il est indispensable de pourvoir journellement, et souvent à l'improviste, l'administration règle la somme qui sera mise, chaque mois, à la disposition de l'économe ou de la supérieure, pour y subvenir. Cette somme devra toujours être bornée : lorsqu'elle aura été dépensée, l'économe ou la supérieure remettra l'état détaillé de l'emploi qui en aura été fait; et il ne sera mis de nouveaux fonds à sa disposition, que lorsque cet état aura été visé et approuvé par l'ordonnateur.

Lorsque des capitaux provenant de remboursement de rentes ou de legs ou donations sont versés dans la caisse des receveurs, ils doivent en faire emploi dans le mois de la notification de l'acte qui en prescrit le placement, sous peine d'être constitués en recette des intérêts des capitaux dont ils auraient retardé l'emploi.

Les receveurs doivent adresser, tous les trimestres, aux sous-préfets, pour être envoyé aux préfets, l'état du mouvement de la caisse qui leur est confiée, visé par le contrôleur, s'il y en a un, et certifié véritable par l'administration (*Article 9 du même décret*). Il sera rédigé suivant le modèle annexé à ces instructions, sous le n.° VI. Ils y joindront l'état des produits et consommations en nature, dressé par trimestres, suivant le modèle ci-après, n.° XII.

Les préfets enverront un double de ces états au ministre, seulement pour les hospices dont les budgets sont soumis à son approbation.

Les receveurs doivent établir, chaque année, pour leurs recettes et dépenses en *argent,*

Un journal général, servant de livre de caisse, sur lequel ils portent, jour par jour, au fur et à mesure qu'elles ont lieu, toutes les recettes et les dépenses relatives à la comptabilité dont ils sont chargés;

Un grand-livre de comptes divisé en deux parties :

L'une relative aux comptes de recettes, sur laquelle on porte, en regard de chacun des articles du budget, les recettes faites sur cet article;

L'autre relative aux comptes de dépenses, sur laquelle on porte, en regard de chacun des articles de dépense également alloués au budget, les paiemens faits sur cette nature de dépense.

Et de même pour leurs recettes et dépenses en *nature,*

Un livre-journal servant à constater, au fur et à mesure qu'elles ont lieu, l'entrée et la sortie des denrées ou grains;

Un grand-livre de comptes où le receveur ouvre des comptes spéciaux à chaque espèce de produits en nature, et enregistre d'un côté les recouvremens faits sur les débiteurs, et de l'autre, les versemens faits à l'économe.

Ce grand-livre se divise en deux sections :

La première comprend les comptes de produits récoltés dans l'établissement;

La seconde, les comptes de produits provenant d'achats pour le service de l'établissement. (*Voir* les modèles n.os VII, VIII, IX et X.)

Dans les principaux hospices, les écritures sont maintenant établies en parties doubles, suivant les modèles envoyés par le ministère des finances.

Il est à désirer que ce mode se propage de plus en plus, et je ne doute pas qu'il ne soit suivi par les receveurs des communes, pour ceux de ces établissemens dont la recette leur sera confiée.

Toutefois, il faut prévoir le cas où des comptables peu exercés, dans des établissemens peu considérables, ne pourraient pas établir leurs écritures d'après les modèles dont je viens de parler; et c'est dans ce but que je joins ici, sous les n.os VII, VIII, IX et X, des modèles auxquels il sera plus facile de se conformer.

L'un des moyens les plus sûrs et les plus efficaces d'établir un contrôle pour les recettes effectuées par les receveurs des hospices, est l'établissement d'un *livre à souche* conforme à celui qui est en usage, depuis 1817, chez les percepteurs et receveurs des communes, et dont beaucoup de préfets ont déjà, avec avantage, prescrit l'application aux recettes des établissemens publics dans leurs départemens. Il est donc utile d'étendre cette application à tous les établissemens considérables.

Le 31 décembre de chaque année, l'ordonnateur des hospices doit clore les registres tenus par le receveur, en présence du contrôleur, s'il y en a un, et dresser en-même-temps procès-verbal des fonds existans en caisse.

Le receveur sera tenu d'ouvrir, pour le premier jour de l'année qui suivra, de nouveaux livres qui comprendront le solde existant en caisse au 31 décembre, et toutes les recettes et dépenses faites, à partir de ce jour, tant sur le nouvel exercice que sur les exercices précédens.

5

CHAPITRE IV.

Des Comptes.

Les receveurs des hospices sont tenus de rendre, dans les premiers six mois de chaque année, les comptes de leur gestion pendant l'année précédente. (*Article 28 de l'ordonnance du 31 octobre 1821.*)

Ces comptes devront être rendus suivant le modèle annexé à ces instructions, sous le n.° XI.

L'article 5 du décret du 7 floréal an 13 voulait que le reliquat du compte de l'année précédente et les recettes appartenant à la même année et aux années antérieures, formassent un titre distinct et séparé des recettes appartenant à l'exercice pour lequel le compte est rendu : la même marche devait être suivie pour les dépenses.

Ce but sera atteint, et le compte sera simplifié, en établissant, comme dans le modèle ci-joint, pour les articles de recette, de dépense et de reprise, deux colonnes, dont l'une pour l'exercice courant, et l'autre pour les exercices antérieurs.

Le compte est divisé en deux parties :

La première comprend la gestion en deniers;

La seconde, la gestion en nature.

Chaque partie est divisée en trois titres :

Le premier comprend les recettes;

Le deuxième comprend les reprises;

Le troisième, les dépenses acquittées.

Chaque titre est ensuite divisé en chapitres correspondans à chaque article du budget.

Dans le premier titre, le receveur doit se constituer en recette, 1.° du reliquat du compte de l'exercice précédent; 2.° de tous les recouvremens qui étaient *à faire*, tant pour les exercices antérieurs que pour l'exercice dont il rend le compte, sauf à porter dans le titre des reprises la portion de ces recouvremens qui n'avait pas été opérée au 31 décembre, jour de la clôture de ses registres.

Chaque article de recette doit indiquer son origine, et distinguer les recouvremens qui appartiennent aux exercices antérieurs, de ceux qui appartiennent à l'exercice courant.

Dans le deuxième titre, le receveur fait reprise de tous les recouvremens qu'il n'a pu opérer avant la clôture de ses registres.

Les chapitres et les articles de ce titre présentent les mêmes procédés qu'au titre des recettes.

Dans le cas où quelques articles de reprises ne laisseraient plus aucun espoir de recouvrement, le receveur les présentera à part, appuyés des certificats du maire, procès-verbaux de carence et délibérations de la commission administrative accordant la décharge des deniers non recouvrés, et en demandera l'allocation en dépense, laquelle sera accordée ou refusée, selon qu'il y aura lieu, par l'autorité chargée de régler le compte.

Le troisième titre offrira, par chapitres et par articles, toutes les dépenses que le receveur a acquittées depuis le 1.er janvier jusqu'au 31 décembre.

La seconde partie présentera dans ses différens titres,

Tous les recouvremens qui étaient à faire sur chaque article des produits en nature portés au budget et dans l'état de développement y annexé, et ceux qui étaient à faire en vertu d'achats;

La reprise des recouvremens non opérés sur ces produits, au 31 décembre, jour de la clôture des registres;

Les versemens faits à l'économe, des produits en nature récoltés ou achetés pour le service de l'établissement.

Tous les produits en nature ayant été ainsi remis entre les mains et sous la responsabilité de l'économe, la récapitulation des recettes et dépenses en nature ne présentera dans les comptes du receveur aucun excédant dont celui-ci ait à justifier.

Mais l'existence en magasin des produits qui n'auraient pas été consommés, sera connue par le compte de l'économe, dont une expédition en forme devra être annexée au compte final du receveur.

Lorsque le receveur a dressé et arrêté son compte, conformément à ces instructions, il le remet, avec toutes les pièces justificatives, à la commission administrative, pour qu'il soit entendu et examiné par elle.

Il est à propos que l'administration délègue un de ses membres pour remplir les fonctions de rapporteur, à l'effet de vérifier le compte sur les pièces justificatives produites à l'appui, sur les registres du receveur, sur les registres tenus par le contrôleur, s'il y en a un, et enfin sur le sommier général des biens des hospices. Le membre délégué rend compte des résultats de sa vérification dans une assemblée de l'administration, et la commission arrête le compte par une délibération qui est transcrite sur l'original, et rappelée sur ses expéditions.

En-même-temps qu'elle arrêtera le compte en deniers, la commission administrative doit arrêter le compte moral de sa propre administration pour le même exercice.

Ce dernier doit présenter :

1.° Le mouvement de la population des hospices, quant aux malades, aux indigens, aux enfans admis dans ces établissemens, et aux employés affectés à leur service, et les observations auxquelles ont pu donner lieu la population et la mortalité;

2.° Les augmentations et diminutions survenues dans les revenus, les améliorations qui ont pu être introduites dans la régie des biens;

3.° L'organisation du service de santé, les changemens qui y ont été opérés, les résultats des soins donnés à la population des hospices par les médecins et les chirurgiens de ces établissemens, les maladies qui ont été traitées, et les cas particuliers qui offriraient quelque intérêt;

4.° L'état des bâtimens, sous les rapports de la distribution, de la salubrité et de la facilité du service; les améliorations qui y ont été faites, et celles qu'ils exigent encore;

5.° Les observations que peuvent suggérer les dépenses ordinaires et les dépenses extraordinaires de l'exercice, la masse des consommations qui ont eu lieu, le mode que l'administration a suivi pour pourvoir aux approvisionnemens, le prix de chaque objet, et les approvisionnemens restant à la fin de l'année.

Ces divers objets seront traités, dans l'ordre des paragraphes qui précèdent, sous les titres suivans:

1.° Population et mortalité;

2.° Régie des biens;

3.° Service sanitaire;

4.° Bâtimens;

5.° Dépenses et consommations;

6.° Régime alimentaire et prix des journées.

A l'appui de ce compte, l'administration produira :

1.° Un état des revenus et consommations en nature, rédigé suivant le modèle annexé à ces instructions, sous le n.° XII;

2.° Un état des dépenses qui restaient à acquitter, conforme au modèle n.° XIII. Il sera possible que, lorsque le compte sera rendu, les mémoires des travaux exécutés dans le cours de l'année précédente n'ayant pas été réglés, on ne connaisse pas le montant exact de quelques-unes des dépenses restant à acquitter : mais on les portera alors par évaluation.

Le compte du receveur, le compte moral présenté par l'administration et toutes les pièces à l'appui, seront mis sous les yeux du conseil de charité, dans les villes où ces conseils seront établis. (*Art.* 8 *de l'ordonnance du* 31 *octobre* 1821.)

Ils seront mis également sous les yeux du conseil municipal, dans les villes où il est accordé des subventions aux hospices sur les revenus communaux. (*Art.* 12 *de la même ordonnance.*)

Lorsqu'ils auront été examinés par ces conseils et revêtus de leurs observations, ils seront immédiatement transmis aux préfets.

Les préfets apurent et arrêtent définitivement en conseil de préfecture les comptes des receveurs, après avoir entendu le rapport du membre du conseil de préfecture qu'ils ont désigné pour en proposer l'apurement. (*Art.* 1.er *de l'ordonnance du* 21 *mars* 1816.)

Quant aux *comptes d'administration*, les préfets prononcent sur ceux de ces comptes qui concernent les hospices dont ils règlent les budgets, et soumettent les autres, avec leur avis, au ministre de l'intérieur. (*Art.* 34 *de l'ordonnance du* 31 *octobre* 1821.)

Aussitôt après l'apurement de chaque compte arrêté par les préfets, un relevé sommaire doit en être adressé au ministre. (*Art.* 4 *de l'ordonnance du* 21 *mars* 1816.)

Ce relevé, pour les comptes des receveurs, sera dressé suivant le modèle n.° XIV; et quant aux comptes d'administration, les préfets en feront un extrait, en ce qu'ils offrent de plus intéressant.

Les préfets doivent ne point perdre de vue combien il importe de ne point laisser arriérer l'apurement des comptes des hospices, et on ne saurait leur recommander trop de soins pour tenir cette partie du service toujours au courant.

Les arrêtés pris par les préfets sur les comptes des receveurs sont notifiés dans le mois aux administrations et aux comptables qu'ils concernent, sans préjudice de la faculté laissée aux parties d'en réclamer plus tôt une expédition. (*Art.* 29 *de l'ordonnance du* 31 *octobre* 1821.)

En cas de contestation sur les arrêtés rendus par les préfets, les comptabilités sur lesquelles sont intervenus ces arrêtés sont renvoyées par-devant la cour des comptes, qui statue définitivement, sauf décision préalable du ministre de l'intérieur sur les questions qui sont de sa compétence. En conséquence, sur la demande soit d'une commission administrative, soit d'un receveur, le préfet est tenu d'adresser au procureur-général près la cour des comptes toute comptabilité dont le réglement a été contesté, ainsi que les pièces à l'appui. (*Ordonnance du* 21 *mai* 1817.)

Le recours réservé par ces dispositions doit être exercé dans les trois mois de la notification ou de la délivrance de l'expédition, l'une et l'autre constatées par le reçu de la partie intéressée. (*Art.* 29 *de l'ordonnance du* 31 *octobre* 1821.)

Les préfets peuvent prononcer la suspension de tout receveur des hospices qui n'aurait pas rendu ses comptes dans les délais prescrits, ou qui les aurait rendus d'une manière assez irrégulière pour déterminer cette mesure de rigueur. La suspension entraîne telles poursuites que de droit, soit qu'il y ait nécessité d'envoyer aux frais du receveur un commissaire pour l'apurement de ses comptes, soit que, déclaré en débet, faute d'avoir justifié de l'emploi des sommes dont il était chargé en recette, il y ait lieu de prendre inscription sur ses biens, conformément à l'avis du conseil-d'état du 24 mars 1812. (*Art.* 30 *de l'ordonnance du* 31 *octobre* 1821.)

Il résulte de l'avis du 24 mars 1812, et des deux autres actes qui y sont rappelés,

1.° Que les administrateurs, auxquels les lois ont attribué, pour les matières qui y sont désignées, le droit de prononcer les condamnations ou de décerner des contraintes, sont de véritables juges, dont les actes doivent produire les mêmes effets et obtenir la même exécution que ceux des tribunaux ordinaires;

2.° Qu'en conséquence, les condamnations et les contraintes émanées des administrateurs, dans les cas et pour les matières de leur compétence, emportent hypothèque de la même manière et aux mêmes conditions que celle de l'autorité judiciaire;

3.° Que ces dispositions sont applicables aux arrêtés des préfets qui fixent les débets des comptables des hospices.

Tout arrêté de suspension est suivi de la révocation du comptable, s'il n'a pas rendu ses comptes dans les délais fixés par ledit arrêté, ou s'il résulte de leur examen des charges suffisantes pour motiver cette mesure.

Les révocations sont prononcées par le ministre de l'intérieur, d'après l'avis des préfets, lesquels ne peuvent le donner qu'après avoir entendu la commission administrative. (*Art.* 31 *de l'ordonnance du* 31 *octobre* 1821.)

Lorsque la suspension frappera un receveur d'hospices qui se trouvera en-même-temps receveur de commune, il en sera immédiatement donné connaissance au ministre des finances, qui, s'il y a lieu, prononcera la révocation, après s'être concerté avec le ministre de l'intérieur. (*Art.* 33 *de la même ordonnance.*)

Les receveurs des hospices étant, au surplus, soumis aux lois relatives aux comptables des deniers publics et à leur responsabilité, il doit être procédé à leur égard, dans tout ce qui n'est pas prévu par les dispositions précédentes, comme envers les comptables de deniers publics.

CHAPITRE V.

Vérifications des Caisses et de la Comptabilité.

Les commissions administratives doivent s'assurer, chaque mois, par la vérification des registres des receveurs des hospices, des diligences qu'ils ont faites pour la perception des revenus de ces établissemens. (*Arrêté du Gouvernement du* 19 *vendémiaire an* 12.)

Elles peuvent en outre, toutes les fois qu'elles le jugent utile, vérifier la caisse et les écritures des comptables.

Indépendamment de ces vérifications, les préfets sont tenus de faire vérifier la situation des receveurs au-moins deux fois par an, et toujours à la fin de l'année; et ils transmettent au ministre de l'intérieur les procès-verbaux de ces vérifications. (*Art.* 25 *de l'ordonnance du* 31 *octobre* 1821.)

Ces procès-verbaux seront dressés suivant le modèle n.° XV.

L'article 26 de l'ordonnance du 31 octobre veut en outre que des vérifications extraordinaires soient faites par les inspecteurs des finances, pendant leur inspection dans les départemens.

Les préfets adressent au ministre de l'intérieur, dans le cours de janvier de chaque année, la liste des receveurs qu'ils jugent utile de faire vérifier par les inspecteurs des finances.

Le ministre de l'intérieur forme de ces listes un tableau des receveurs à vérifier, qu'il transmet, avec ses instructions particulières, au ministre des finances; celui-ci donne en conséquence aux inspecteurs les ordres nécessaires, et fait connaître au ministre de l'intérieur les résultats des vérifications.

Les inspecteurs des finances doivent se renfermer dans les ordres qu'ils ont reçus. Ils ne peuvent néanmoins se refuser, pendant le cours de leur tournée, à toutes autres vérifications des mêmes comptables demandées par les préfets. (*Art.* 27 *de l'ordonnance du* 31 *octobre* 1821.)

Les préfets sentiront qu'ils ne doivent user de cette latitude que rarement et dans des circonstances imprévues, afin de ne point déranger l'itinéraire donné à MM. les inspecteurs et prolonger inutilement leur inspection.

MM. les inspecteurs auront soin de donner connaissance aux préfets de toutes les vérifications qu'ils auront faites, et de leur adresser, sur chacune d'elles, les observations qu'ils jugeront utiles au bien du service. (*Même article de l'ordonnance.*)

Les préfets pourront suspendre et proposer de révoquer tout receveur dans la gestion duquel des vérifications faites auraient constaté, soit une infidélité, soit un déficit, ou un désordre grave, ou une négligence coupable (*Art.* 32 *de l'ordonnance du* 31 *octobre* 1821); sans préjudice des poursuites et contraintes auxquelles il pourrait être soumis comme comptable de deniers publics; ainsi qu'il est expliqué au chapitre IV ci-dessus.

TROISIÈME PARTIE.

DES BUREAUX DE BIENFAISANCE.

TITRE PREMIER.

DE L'ORGANISATION DES BUREAUX DE BIENFAISANCE ET DE LEURS AGENS.

CHAPITRE PREMIER.

Organisation et Composition des Bureaux de Bienfaisance.

Les bureaux de bienfaisance ont été créés par la loi du 7 frimaire an 5 (27 novembre 1796).

A cette époque, il n'existait qu'une administration municipale par canton; et la loi qui vient d'être citée ordonna que le bureau central, dans les communes où il y avait plusieurs municipalités, et l'administration municipale, dans les autres, formeraient un bureau de bienfaisance, ou plusieurs, s'ils le croyaient convenable.

En vertu de ces dispositions, il fut organisé, dans presque tous les départemens, un bureau de bienfaisance par canton.

La loi du 28 pluviôse an 8 ayant supprimé les administrations municipales de canton, et une administration municipale ayant été établie dans chaque commune, l'organisation des bureaux de bienfaisance aurait dû être modifiée d'une manière analogue.

Cependant, dans un certain nombre de départemens, les bureaux de bienfaisance sont restés organisés par canton, et l'on s'est borné à établir des bureaux auxiliaires dans les principales communes de chaque canton, ou dans celles où les pauvres possédaient quelques revenus.

Cet ordre de choses ne doit plus subsister. Les bureaux de bienfaisance sont placés par les lois sous la surveillance de l'autorité municipale, qui n'exerce sa juridiction que sur l'étendue de chaque commune; les bureaux de bienfaisance doivent donc être circonscrits dans le même ressort.

Il est d'ailleurs facile de concevoir les inconvéniens que présentait l'organisation des bureaux de bienfaisance par cantons. Si l'on compose ces bureaux de membres pris dans les diverses communes du canton, il est presque impossible de les réunir; si l'on n'y appelle que des membres pris au chef-lieu du canton, les pauvres de cette commune sont nécessairement favorisés aux dépens des indigens des autres communes du canton.

Il doit donc être établi un bureau de bienfaisance dans chaque commune, ou du-moins dans toutes celles où l'autorité locale le jugera nécessaire ou utile.

Les règles prescrites pour les commissions administratives des hospices, en ce qui concerne le nombre, la nomination et le renouvellement de leurs membres, sont communes aux bureaux de bienfaisance. (*Article 4 de l'ordonnance du* 31 *octobre* 1821.)

Ainsi, les bureaux de bienfaisance doivent être, dans chaque commune, composés de cinq membres.

Quant au mode de nomination et de renouvellement, on n'a qu'à se reporter aux détails donnés au chapitre I.er, titre I.er de la seconde partie de ces Instructions.

Les bureaux de bienfaisance peuvent nommer dans les divers quartiers des villes, pour les soins qu'il est jugé utile de leur confier, des adjoints et des dames de charité. (*Art. 4 de l'ordonnance du* 31 *octobre.*)

Ces adjoints et ces dames secondent les soins du bureau de bienfaisance, et rendent la répartition des secours plus éclairée et plus efficace.

Dans quelques grandes villes, ces adjonctions par quartier forment, dans chacun d'eux, des sortes de bureaux secondaires qui dépendent du bureau principal dont ils reçoivent les ordres et auquel ils rendent compte. Il n'y a point d'inconvénient à maintenir de telles dispositions partout où elles existent, pourvu que les formes en soient régularisées par arrêté du préfet, et que le siége de l'action administrative comme de la responsabilité reste dans le bureau principal; que par conséquent les adjonctions ne soient que des agences d'exécution. L'ordonnance du 31 octobre a prescrit des règles générales, afin d'avoir des garanties suffisantes; mais il serait contraire à l'esprit qui l'a dictée, d'exiger une minutieuse uniformité dans les détails qui se rapportent à leur application.

CHAPITRE II.

Des Agens et Employés des Bureaux de Bienfaisance.

Les règles prescrites pour la nomination et la fixation des traitemens des agens des hospices s'appliquent aussi aux agens et employés des bureaux de bienfaisance. (*Voyez* le chapitre II du titre I.er de la seconde partie de ces Instructions.)

On rappellera seulement ici que la disposition de l'ordonnance du 31 octobre, qui prescrit que les recettes des bureaux de bienfaisance soient confiées au receveur municipal, si, réunies aux recettes des hospices, elles n'excèdent pas 10,000 francs, ne peut recevoir son exécution que lorsque le receveur municipal a son domicile dans la commune à laquelle appartient le bureau de bienfaisance. Dans le cas contraire, les recettes du bureau doivent être confiées au receveur de l'hospice, si un établissement de ce genre existe dans la commune; ou bien à un receveur spécial, s'il n'y a pas d'hospice.

Suivant l'article 17 de l'ordonnance du 31 octobre 1821, les préfets prescriront la rédaction de réglemens pour les bureaux de bienfaisance partout où ils le jugeront utile.

Ces réglemens devront avoir pour principal objet de déterminer :

1.° Le nombre et l'ordre des séances du bureau ;

2.° Le nombre et les attributions des agens ou employés ;

3.° Le mode d'admission aux secours ;

4.° Les règles à suivre pour leur répartition.

Ils seront soumis par les bureaux de bienfaisance à l'approbation des préfets.

TITRE II.

DES SECOURS A DOMICILE.

Les ressources qui peuvent être employées à cette destination consistent :

1.° Dans les revenus résultant de la dotation des bureaux de bienfaisance ;

2.° Dans les allocations portées pour cet objet dans les budgets des communes ;

3.° Dans les produits des quêtes, des troncs, des collectes, des dons et aumônes, et enfin dans ceux des droits établis au profit des pauvres sur les billets d'entrée dans les spectacles où se donnent des pièces de théâtre, des bals, des feux d'artifice, des concerts et exercices de chevaux. (*Loi du 7 frimaire an 5; lois de finances et arrêté du ministre, du 5 prairial an* 11 [25 *mai* 1803].)

Les bureaux de bienfaisance étant les auxiliaires nés des hospices, peuvent éviter à ces établissemens une grande dépense, au moyen d'une sage distribution de secours à domicile. En effet, il n'est point de père de famille qui ne s'estime heureux, lorsqu'il est atteint de maladie, de pouvoir rester près de sa femme et de ses enfans; et pour cela, il suffit d'alléger une partie de sa dépense par des distributions de médicamens et d'alimens à domicile. En conséquence, on ne peut mieux entendre la charité qu'en multipliant les secours à domicile, et en leur donnant la meilleure direction possible.

Tous les malheureux ont droit aux secours, toutes les fois que la force des circonstances les met dans l'impossibilité de fournir à leurs premiers besoins; c'est donc ces besoins que les bureaux de bienfaisance doivent constater : car autant on doit s'empresser de secourir le véritable indigent, autant on doit éviter, par une distribution aveugle, d'alimenter l'oisiveté, la débauche et les autres vices dont le résultat inévitable est la misère.

Une des premières choses dont les bureaux de bienfaisance auront à s'occuper, sera de s'assurer si l'indigent qui se présente pour être secouru, a le domicile de secours voulu par la loi du 24 vendémiaire an 2 (15 octobre 1793.)

Il sera bon de tenir un livre des pauvres, où l'on inscrive tous les indigens qui seront assistés.

Ce livre sera divisé en deux parties : la première pour les indigens temporairement secourus, et la seconde pour les indigens secourus annuellement.

Dans la première partie, on comprendra les blessés, les malades, les femmes en couches ou nourrices, les enfans abandonnés, les orphelins et ceux qui se trouvent dans des cas extraordinaires et imprévus.

Dans la seconde partie, seront portés les aveugles, les paralytiques, les cancérés, les infirmes, les vieillards, les chefs de famille surchargés d'enfans en bas âge. Les infirmités qui donnent droit aux secours annuels, doivent être constatées par les médecins attachés aux bureaux de bienfaisance.

Les listes dont il s'agit seront arrêtées par ces bureaux en assemblée; on ne doit pas y comprendre un plus grand nombre d'indigens que n'en peut secourir l'établissement.

On apportera dans la formation de ces listes de la sévérité; car, comme il est souvent impossible de secourir tous les pauvres, et que ceux qui sont secourus ne peuvent l'être que dans une proportion inférieure à leurs besoins, il y a un choix à faire, et la justice ainsi que l'humanité exigent que ce choix soit en faveur des plus malheureux.

Cet examen devra porter sur l'âge, les infirmités, le nombre d'enfans, les causes de la misère, les ressources qui sont à leur disposition, et leur conduite. Du moment où les motifs qui ont fait admettre un pauvre aux secours n'existent plus, les secours doivent cesser; ils doivent cesser également s'ils sont plus nécessaires à d'autres.

Si le pauvre abuse des secours qu'il reçoit, il mérite d'être puni; ce qui pourra avoir lieu en le privant du secours pour quelque temps ou pour toujours.

C'est, autant que possible, en nature, que ces secours doivent être distribués. Le pain, la soupe, les vêtemens et les combustibles sont les objets qui peuvent le mieux remplir les besoins. Les soupes aux légumes forment aussi une ressource facile et économique.

On s'appliquera surtout, autant que les localités le permettront, à procurer du travail aux indigens valides. A défaut de manufacturiers ou de maîtres artisans, on pourra proposer l'établissement d'ateliers de charité.

Ces bureaux de bienfaisance ne doivent pas borner leurs soins à la distribution des secours à domicile; ils doivent encore les étendre aux écoles de charité. Ces écoles font une des parties les plus intéressantes de leur administration : car, si, par des secours appliqués avec discernement, ils soutiennent la vieillesse sans ressources; d'un autre côté, par une éducation morale et religieuse, ils disposent les enfans à se garantir un jour du fléau de la misère, en leur inculquant l'amour du travail, l'esprit d'ordre, d'économie et de prévoyance.

En conséquence, il ne suffit pas d'apprendre aux enfans à lire, à écrire et à compter; il est bien plus important encore de leur former le cœur et d'y jeter les semences de la religion. Pour atteindre ce but, les bureaux de bienfaisance ne doivent pas perdre de vue que, dans le choix des maîtres, ils devront donner la préférence à ceux qui, par leurs lumières, leur piété et leur zèle, peuvent faire espérer l'instruction religieuse la plus convenable et la plus solide; ne pas perdre de vue que les frères de la doctrine chrétienne et les sœurs de charité offrent, sous ce rapport, des avantages qu'il est rare de trouver dans les autres individus.

TITRE III.

DE LA GESTION DES BIENS ET DE LA COMPTABILITÉ.

La gestion des biens des bureaux de bienfaisance est soumise aux mêmes règles que la gestion des biens des hospices. (*Voyez* le titre II de la seconde partie de ces Instructions).

Les règles prescrites pour la comptabilité des hospices (titre III de la seconde partie), sont également applicables aux bureaux de bienfaisance, sauf les exceptions suivantes :

Suivant l'article 13 de l'ordonnance du 31 octobre 1821, les budgets des bureaux de bienfaisance doivent être, à quelque somme qu'ils s'élèvent, définitivement réglés par les préfets.

Les préfets arrêteront les modèles que devront suivre les bureaux de bienfaisance pour leurs budgets, leurs registres et leurs comptes. Ils les rapprocheront, autant que possible, des modèles prescrits pour les hospices, en les simplifiant toutefois, les recettes et les dépenses des bureaux de bienfaisance étant beaucoup moins étendues et moins variées que celles des hospices.

QUATRIÈME PARTIE.

DES ENFANS TROUVÉS ET ABANDONNÉS.

TITRE UNIQUE.

OBSERVATION GÉNÉRALE.

L'ordonnance du 31 octobre 1821 n'a prescrit aucune nouvelle disposition concernant le service des enfans trouvés et enfans abandonnés. Le ministre va s'occuper d'examiner quelles sont les modifications dont l'organisation actuelle de ce service est susceptible; mais, en attendant qu'il ait pu arrêter ou proposer à Sa Majesté des améliorations, il a paru bon de rappeler à la suite des instructions relatives aux établissemens de charité, les règles qui, jusqu'à nouvel ordre, doivent servir de guide aux administrations des hospices. Ce rappel sera d'autant plus utile, que les abus qui, en plusieurs départemens, se sont introduits dans le service des enfans trouvés, tiennent sans doute plus à l'inobservation des règles établies qu'à leur imperfection.

CHAPITRE PREMIER.

Classification des Enfans.

Les enfans *trouvés* sont ceux qui, nés de pères et mères inconnus, ont été trouvés exposés dans un lieu quelconque ou portés dans les hospices destinés à les recevoir. (*Décret du 19 janvier 1811.*)

Les enfans *abandonnés* sont ceux qui, nés de pères et mères connus, et d'abord élevés par eux, ou par d'autres personnes, à leur décharge, en sont délaissés sans qu'on sache ce que les pères et mères sont devenus, ou sans qu'on puisse recourir à eux. (*Même décret.*)

Les enfans nés, dans les hospices, de femmes admises à y faire leurs couches, sont assimilés aux enfans trouvés, si la mère est reconnue dans l'impossibilité de s'en charger.

On ne doit comprendre au rang des enfans *abandonnés*, assimilés, pour leur régime et le mode de paiement de leur dépense, aux enfans trouvés, que les enfans délaissés dont les pères et mères sont disparus, détenus, ou condamnés par faits criminels ou de police correctionnelle. L'indigence où la mort naturelle des pères et mères ne sont pas des circonstances qui puissent faire admettre leurs enfans au rang des enfans abandonnés; ils ne peuvent être classés que parmi les orphelins pauvres et les enfans de familles indigentes, à la charge exclusive des hospices, ou secourus à domicile.

Ces distinctions sont essentielles; et comme elles sont souvent violées, leur stricte observation réduira beaucoup, dans plusieurs départemens, la dépense des enfans trouvés.

CHAPITRE II.

De l'Admission des Enfans.

Il doit y avoir, au plus, dans chaque arrondissement, un hospice où les enfans trouvés pourront être reçus. (*Décret du 19 janvier 1811.*)

Suivant la loi du 17 décembre 1796, les enfans trouvés devaient être portés à l'hospice le plus voisin; ainsi tous les hospices pouvaient recevoir des enfans trouvés. Cette disposition favorisait naturellement l'abandon des enfans; et de la multiplicité des asiles qui leur étaient ouverts, résultait nécessairement plus d'abus dans les admissions, et plus de difficultés à surveiller le régime et l'administration. C'est donc par une sage prévoyance, également dans l'intérêt des enfans, des hospices et des départemens, qu'il a été décidé, en 1811, qu'il n'y aurait au plus, dans chaque arrondissement, qu'un hospice destiné à recevoir les enfans trouvés.

Les hospices qui offrent à-la-fois une situation plus centrale et le plus de ressources, soit par leurs revenus propres, soit par les allocations qu'ils peuvent obtenir des villes où ils sont situés, doivent être choisis de préférence pour servir de dépôt; et, dans les villes où il existe plusieurs hôpitaux, on doit, autant que possible, éviter de placer les dépôts dans les hôpitaux de malades, et les établir dans les hospices de vieillards, où leur santé et leur existence sont exposés à moins de dangers.

Si, dans quelques départemens, les préfets jugent qu'il y a plus d'avantages, et qu'il est sans inconvénient d'avoir, pour tout le département, un seul hospice chargé de recevoir les enfans trouvés ou abandonnés, ils peuvent proposer cette mesure au ministre.

Dans chaque hospice destiné à recevoir les enfans trouvés, il doit y avoir un tour où ils puissent être déposés. (*Décret du 19 janvier 1811.*)

Il doit également y être établi des registres qui constatent, jour par jour, l'arrivée des enfans, leur sexe, leur âge apparent, et où l'on décrive les marques naturelles et les langes qui peuvent servir à les faire reconnaître. (*Même décret.*)

Toute personne qui a trouvé un enfant nouveau-né, est tenue de le remettre à l'officier d'état civil, ainsi que les vêtemens et autres effets trouvés avec l'enfant, et de déclarer toutes les circonstances du temps et du lieu où il a été trouvé. Il doit en être dressé un procès-verbal détaillé, énonçant, en outre, l'âge apparent de l'enfant, son sexe, les noms qui lui seront donnés, l'autorité civile à laquelle il sera remis. Ce procès-verbal doit être inscrit sur les registres. (*Art.* 58 *du Code civil.*)

L'admission des enfans trouvés ne doit avoir lieu que dans les circonstances suivantes : 1.° par leur exposition au tour; 2.° au moyen de leur apport à l'hospice, immédiatement après leur naissance, par l'officier de santé ou la sage-femme qui a fait l'accouchement; 3.° sur l'abandon de l'enfant de la part de sa mère, si, admise dans l'hospice pour y faire ses couches, elle est reconnue dans l'impossibilité de s'en charger; 4.° sur la remise du procès-verbal dressé par l'officier de l'état civil, pour les enfans exposés dans tout autre lieu que dans l'hospice.

A l'arrivée d'un enfant, l'employé de l'hospice préposé à la tenue du registre des enfans trouvés doit dresser procès-verbal de l'admission, et indiquer les circonstances, soit de l'exposition, soit de l'apport à l'hospice.

Il doit nommer l'enfant, s'il n'a déjà été nommé par l'officier de l'état civil, ou si, en l'exposant, on n'a pas déposé avec lui des papiers indiquant ses noms. Les noms donnés à chaque enfant doivent être tels, que, s'il n'y en a que deux, le premier soit considéré comme nom de baptême, et l'autre devienne, pour l'enfant qui le reçoit, un nom de famille transmissible à ses propres descendans. Pour le choix du nom de baptême, on doit suivre les usages et les règles ordinaires. L'enfant doit être baptisé et élevé dans la religion de l'État, sauf les exceptions qui seraient autorisées pour certaines localités. Quant au nom de famille, il faut avoir soin de ne pas donner le même nom à plusieurs enfans, et éviter de leur donner des noms connus pour appartenir à des familles existantes. Il faut donc chercher ces noms soit dans l'histoire, soit dans les circonstances particulières à l'enfant, comme sa conformation, ses traits, son teint, le pays, le lieu où il a été trouvé, en rejetant toutefois les dénominations qui seraient ou indécentes, ou ridicules, ou propres à rappeler, en toute occasion, que ceux à qui on les donne sont des enfans trouvés.

Le préposé doit adresser, dans les vingt-quatre heures qui suivent l'inscription d'un enfant, un extrait du registre d'inscription, en ce qui le concerne, à l'officier de l'état civil, pour être immédiatement transcrit sur le registre des actes de naissance.

Une instruction ministérielle a recommandé, il y a plusieurs années, aux administrations des hospices, de suivre le procédé en usage dans l'administration des hospices de Paris, pour prévenir la substitution des enfans, et qui consiste à passer au cou de chaque enfant un collier que l'on scelle avec un morceau d'étain, au moyen d'une presse. L'étain porte pour empreinte la désignation des hospices auxquels appartient l'enfant, l'année dans laquelle il a été exposé, et son numéro d'ordre. Le collier est serré au degré nécessaire pour ne pouvoir être enlevé à l'enfant, sans gêner cependant sa croissance; et il est à désirer que ce moyen soit partout pratiqué, jusqu'à ce qu'on ait pu en découvrir un plus efficace.

Les enfans *abandonnés* ne doivent être admis dans les hospices que, 1.° d'après l'acte de notoriété du juge-de-paix ou du maire constatant l'absence de leurs pères et mères; 2.° sur l'expédition des jugemens correctionnels ou criminels qui les privent de l'assistance de leurs parens.

Aucun enfant abandonné ne peut être admis s'il a atteint sa douzième année.

Il doit être tenu, pour l'inscription des enfans abandonnés, un registre analogue au registre des enfans trouvés. Dans le cas où des parens, après avoir abandonné leur enfant momentanément et à dessein de le faire admettre frauduleusement dans un hospice, reparaîtraient ensuite dans la commune, le maire doit en informer le sous-préfet, qui ordonnera la remise de l'enfant aux parens; et ceux-ci seront tenus au remboursement des frais occasionnés par l'enfant à l'hospice.

Les causes du prodigieux accroissement qu'éprouve depuis quelques années le nombre des enfans trouvés et enfans abandonnés, consistent certainement, en partie, dans les abus qui ont eu lieu dans les admissions des enfans. Les divers ministres qui se sont succédé au département de l'intérieur, ont souvent appelé l'attention des préfets sur ces abus; mais il ne paraît pas qu'on ait, en général, apporté à les réprimer tous les soins désirables.

Pour les détruire et en prévenir le retour, les commissions administratives des hospices ne sauraient exercer une surveillance trop sévère sur la tenue des registres d'inscription des enfans, et sur les opérations des employés préposés à ce service.

On pense que l'une des mesures les plus efficaces serait aussi de faire vérifier, tous les trois mois, soit par les contrôleurs des hospices, soit par des commissaires spéciaux, les titres d'admission des enfans compris au nombre des enfans trouvés et enfans abandonnés. Les enfans que l'on reconnaîtrait avoir été admis contre les règles et les principes qui ont été ci-dessus rappelés, seraient rendus à leurs familles ou aux personnes qui en étaient chargées; et l'on ne doute pas, d'après les exemples qu'en ont déjà donnés plusieurs départemens, que l'exécution de ces dispositions n'eût pour résultat de diminuer considérablement le nombre des enfans à la charge des hospices.

C'est ici le lieu de rappeler les dispositions que renferme le Code pénal concernant l'exposition des enfans.

L'Art. 348 porte : « Ceux qui auront porté à un hospice un enfant au-dessous de l'âge de sept ans accom-
» plis, qui leur aurait été confié afin qu'ils en prissent soin ou pour toute autre cause, seront punis d'un
» emprisonnement de six semaines à six mois, et d'une amende de 16 fr. à 50 fr.; toutefois, aucune peine ne
» sera prononcée, s'ils n'étaient pas obligés de pourvoir gratuitement à la nourriture et à l'entretien de l'enfant,
» et si personne n'y avait pourvu.

Art. 349. « Ceux qui auront exposé et délaissé dans un lieu solitaire un enfant au-dessous de l'âge de sept
» ans accomplis; ceux qui auront donné l'ordre de l'exposer ainsi, si cet ordre a été exécuté, seront, pour ce
» seul fait, condamnés à un emprisonnement de six mois à deux ans, et à une amende de 16 fr. à 200 fr.

Art. 350. « La peine portée au précédent article sera de deux ans à cinq ans, et l'amende de 50 fr. à » 400 fr., contre les tuteurs et tutrices, instituteurs ou institutrices de l'enfant exposé et délaissé par eux ou » par leur ordre.

Art. 351. « Si, par suite de l'exposition et du délaissement prévus par les art. 349 et 350, l'enfant est » demeuré mutilé ou estropié, l'action sera considérée comme blessure volontaire à lui faite par la personne » qui l'a exposé et délaissé; et si la mort s'en est suivie, l'action sera considérée comme meurtre : au premier » cas, les coupables subiront la peine applicable aux blessures volontaires, et au second cas, celle du meurtre.

Art. 352. « Ceux qui auront exposé et délaissé en un lieu non solitaire un enfant au-dessous de l'âge de » sept ans accomplis, seront punis d'un emprisonnement de trois mois à un an, et d'une amende de 16 fr. » à 100 fr.

Art. 353. « Le délit prévu par le précédent article sera puni d'un emprisonnement de six mois à deux ans, » et d'une amende de 25 fr. à 200, s'il a été commis par les tuteurs et tutrices, instituteurs ou institutrices de » l'enfant ».

Il est du devoir des commissions administratives des hospices et des maires et sous-préfets, de signaler aux procureurs du Roi, pour être punis conformément à la loi, les délits prévus par les articles précédens, qui viendraient à leur connaissance; en mettant toutefois à la recherche de ces délits la réserve nécessaire pour ne pas s'exposer à amener des infanticides en voulant prévenir les expositions.

CHAPITRE III.

Des Nourrices et du Placement des Enfans à la Campagne.

Les enfans nouveau-nés doivent être mis en nourrice aussitôt que faire se peut. Jusque-là, ils doivent être nourris au biberon, ou même au moyen de nourrices résidant dans l'établissement; s'ils sont sevrés ou susceptibles de l'être, ils doivent être également mis en nourrice ou sevrage. (*Décret du* 19 *janvier* 1811.)

Ils doivent rester en nourrice jusqu'à l'âge de six ans. (*Même décret.*)

Il serait avantageux de pouvoir confier les enfans nouveau-nés à des nourrices sédentaires, jusqu'au moment où on les remet aux nourrices des campagnes; et dans les hospices où l'on reçoit des femmes enceintes, on peut choisir des nourrices sédentaires parmi celles de ces femmes qui sont accouchées; mais dans les établissemens où il ne peut y avoir des nourrices sédentaires, il faut nourrir les enfans au biberon, jusqu'à ce qu'ils puissent être confiés aux nourrices extérieures.

Les enfans nouveau-nés doivent être baptisés avant leur départ pour la campagne.

Ils doivent aussi être vaccinés dès leur admission dans l'hospice, à moins que l'état de leur santé ou leur prompt départ pour la campagne ne s'y oppose. Dans ces cas, les nourrices doivent les faire vacciner dans les trois premiers mois qui suivront la remise qui leur en aura été faite, et doivent justifier d'un certificat de vaccination, pour pouvoir être payées du premier trimestre des mois de nourrice.

On doit exiger des nourrices et autres personnes qui viennent prendre des enfans dans les hospices, un certificat du maire de leur commune, constatant qu'elles sont de bonnes vie et mœurs, et qu'elles sont en état d'élever et soigner les enfans.

Il importe que les nourrices soient visitées, à leur arrivée, par les officiers de santé de l'hospice, pour constater leur santé, l'âge de leur lait et sa qualité. Ce n'est que dans le cas où elles sont reconnues saines et propres à allaiter avec succès, que les enfans doivent leur être remis avec la layette.

Au départ de la nourrice, il doit être fait mention sur le registre-matricule à ce destiné, de la mise de l'enfant en nourrice. Il doit lui être délivré une carte contenant le nom de l'enfant, son âge, le numéro du registre-matricule, le folio du registre du paiement, le nom de la nourrice et la date de la remise du nourrisson.

Cette carte doit aussi présenter des blancs sur lesquels s'inscriront successivement les paiemens faits à la nourrice, les vêtures qui lui sont remises, et le décès de l'enfant, s'il avait lieu.

Dans quelques villes du premier ordre, où le nombre très-considérable des enfans trouvés à la charge des hospices rend nécessaire de s'assurer d'un grand nombre de nourrices et de se les procurer dans un rayon fort étendu, on a établi, sous le nom de *meneurs*, des employés chargés d'engager les nourrices pour le compte des hospices, de les conduire dans ces établissemens, de les ramener au lieu de leur domicile et d'effectuer leurs paiemens tous les trois mois; mais ces meneurs n'étant nécessaires que dans très-peu de villes, il paraît inutile d'indiquer les règles qui doivent être suivies à leur égard dans des instructions générales que l'on a pour but de rendre applicables à tous les hospices du royaume.

A six ans, tous les enfans doivent être, autant que faire se peut, mis en pension chez des cultivateurs ou des artisans. (*Décret du* 19 *janvier* 1811.)

Les nourrices peuvent conserver jusqu'à l'âge de douze ans les enfans qui leur ont été confiés, à la charge de les nourrir et entretenir convenablement, aux prix et conditions déterminés conformément aux règles qui seront plus loin rappelées, et de les envoyer aux écoles primaires pour y recevoir l'instruction morale et religieuse donnée aux autres enfans de la commune ou du canton.

Les enfans qui ne peuvent être mis en pension, les estropiés et infirmes, doivent être élevés dans l'hospice et occupés, dans des ateliers, à des travaux qui ne soient pas au-dessus de leur âge.

CHAPITRE IV.

Des Layettes et Vêtures.

Il doit être remis à chaque nourrice une layette au moment où on lui confie un enfant nouveau-né.

Les vêtures qui suivent les layettes sont données aux enfans d'année en année, jusqu'à l'âge de six ans accomplis.

Il appartient aux préfets de régler, suivant les usages des localités et les produits des fabriques du pays, la composition des layettes et vêtures; mais on croit utile de faire connaître, pour terme de comparaison, comment sont composées ces layettes à Paris.

En voici le tableau :

LAYETTE pour LES ENFANS nouveau-nés.	PREMIÈRE VÊTURE ET DEMI-MAILLOT pour les enfans sevrés, lorsqu'ils sont dans leur première année.		SECONDE VÊTURE ET DEMI-MAILLOT pour les enfans au-dessus de dix-huit mois.		TROISIÈME et QUATRIÈME VÊTURE	CINQUIÈME et SIXIÈME VÊTURE.
	PREMIÈRE VÊTURE.	DEMI-MAILLOT.	SECONDE VÊTURE.	DEMI-MAILLOT.		
5 béguins.	2 paires de bas de laine.	1 béguin.	2 paires de bas de laine.	1 béguin.	2 paires de bas de laine.	2 paires de bas de laine.
2 bonnets d'indienne.	4 béguins.	1 bonnet de laine.	3 béguins.	1 bonnet de laine.	2 béguins.	2 bonnets d'indienne.
1 bonnet de laine.	2 bonnets d'indienne.	1 brassière de laine.	2 bonnets d'indienne.	1 brassière de laine.	2 bonnets de laine	2 chemises.
2 brassières de laine.	4 chemises.	1 chemise en brassière.	2 chemises.	1 chemise en brassière.	2 bonnets d'indienne.	1 chemisette.
6 couches.	1 chemisette.	4 couches.	2 fichus de garat.	4 couches.	2 chemises.	1 fichu de garat.
1 couverture.	2 couches.	1 couverture.	1 jupon.	1 couverture.	2 fichus de garat.	1 robe.
5 fichus de toile.	4 fichus de garat.	1 fichu de toile.	1 robe.	1 fichu de toile.	1 jupon.	
2 langes de laine.	2 langes de laine.	2 langes de laine.		2 langes de laine.	1 robe.	
2 langes piqués.	1 robe.	2 langes piqués.		2 langes piqués.		
5 chemises en brassières.						

Chaque nourrice est responsable des layettes et vêtures qui lui ont été données; et elle est tenue d'en faire la remise, dans le cas où l'enfant viendrait à décéder avant l'expiration de la seconde année qui suit la réception de chaque layette ou vêture, et dans le cas où l'enfant serait retiré avant l'expiration de ce terme.

A défaut de cette remise, il doit être fait une retenue aux nourrices sur les salaires qui leur sont dus, jusqu'à la concurrence de la valeur des layettes et vêtures qu'elles auraient dû restituer; et dans le cas où le montant de ces salaires serait inférieur à la valeur des layettes et vêtures, les nourrices doivent être tenues de la compléter.

CHAPITRE V.

Des Mois de Nourrice, Pensions et Indemnités diverses.

Les enfans trouvés et les enfans abandonnés doivent être, pour la fixation des mois de nourrice et pensions à payer pour leur entretien, divisés en trois classes : les enfans du premier âge, les enfans du second âge, et les enfans du troisième âge.

Les enfans du premier âge sont ceux qui se trouvent encore dans leur première année.

Les enfans du second âge sont ceux qui sont entrés dans leur seconde année, et qui n'ont point accompli leur sixième année.

Les enfans du troisième âge sont ceux qui, entrés dans leur septième année, n'ont point accompli douze ans.

Les prix des mois de nourrice et pensions doivent être réglés par les préfets, dans chaque département, en prenant pour base le prix ordinaire des grains, et en graduant leur fixation suivant les services que les enfans peuvent rendre dans les différens âges de leur vie.

Le *maximum* des mois de nourrice et pensions ne doit pas excéder la valeur de dix myriagrammes de grains par trimestre.

Pour les enfans à la charge des hospices de Paris, les mois de nourrice et pensions sont fixés ainsi qu'il suit :

7 francs par mois pour le premier âge.

6 francs par mois pour la seconde année.

5 francs pour les troisième, quatrième, cinquième et sixième années.

4 francs par mois pour le troisième âge.

Ces fixations peuvent servir de terme de proportion pour les départemens.

Il est convenable que le décroissement de prix n'ait lieu qu'à la fin du trimestre pendant lequel l'enfant a passé d'un âge à l'autre.

Les nourrices et autres personnes chargées d'enfans trouvés ou abandonnés, lorsqu'elles présentent des certificats constatant que l'enfant qui leur a été confié existe, et qu'il a été traité avec soin et humanité, ont droit, pour les neuf premiers mois de la vie de l'enfant, indépendamment des mois de nourrice, à une indemnité de 18 francs, payable par tiers, de trois mois en trois mois. (*Arrêté du Gouvernement du 30 ventôse an* 5 [20 *mars* 1797].)

Ceux qui ont conservé des enfans jusqu'à l'âge de douze ans, et qui les ont préservés, jusqu'à cet âge, d'accidens provenant de défaut de soins, doivent recevoir à cette époque, sur la représentation des certificats rappelés au paragraphe qui précède, une autre indemnité de 50 francs. (*Même arrêté.*)

Une indemnité qui a été réglée aussi à 50 francs par l'arrêté du Gouvernement du 20 mars 1797, mais que les préfets peuvent réduire dans les départemens où elle paraîtrait trop forte, doit être également payée aux cultivateurs ou manufacturiers chez lesquels sont placés des enfans ayant atteint l'âge de douze ans, ou à ceux qui, les ayant élevés jusqu'à cet âge, les conserveraient aux conditions déterminées par l'administration; et cette somme est destinée à procurer aux enfans les vêtemens qui leur sont nécessaires. (*Même arrêté.*)

CHAPITRE VI.

De la Mise en Apprentissage des Enfans et de leur Retour dans l'Hospice.

Les enfans âgés de douze ans doivent, autant que faire se peut, être mis en apprentissage, les garçons chez des laboureurs ou des artisans; les filles chez des ménagères, des couturières, ou des ouvrières, ou dans des fabriques et manufactures. (*Décret du* 19 *janvier* 1811.)

Les commissions administratives des hospices peuvent également, lorsque les enfans manifestent le désir de s'attacher au service maritime, contracter, sous l'approbation des préfets, des engagemens pour le placement de ces enfans sur des vaisseaux du commerce ou de l'État. (*Arrêté du Gouvernement du* 30 *ventôse an* 5 [20 *mars* 1797].)

Les nourrices et autres habitans qui ont élevé jusqu'à douze ans les enfans qui leur ont été confiés, peuvent les conserver préférablement à tous autres, en se chargeant de leur faire apprendre un métier, ou de les appliquer aux travaux de l'agriculture.

Les contrats d'apprentissage ne doivent stipuler aucune somme en faveur du maître ni de l'apprenti; ils doivent seulement garantir au maître les services gratuits de l'apprenti, jusqu'à un âge qui ne peut excéder vingt-cinq ans, et à l'apprenti, la nourriture, l'entretien et le logement. (*Décret du* 19 *janvier* 1811.)

Il importe d'imposer, pour condition essentielle, dans tous les contrats d'apprentissage, que les enfans recevront l'instruction morale et religieuse que leur état comporte.

Ceux des enfans qui ne peuvent être mis en apprentissage, les estropiés et les infirmes qu'on ne trouverait pas à placer hors de l'hospice, doivent y rester à sa charge, et des ateliers doivent être établis pour les occuper. (*Décret du* 19 *janvier* 1811.)

Les enfans qui, pour leur inconduite ou la manifestation de quelques inclinations vicieuses, seraient reconduits dans les hospices, doivent y être placés dans un local particulier; et les administrations doivent prendre les mesures convenables pour les ramener à leur devoir, en attendant qu'elles puissent les rendre à leurs maîtres ou les placer ailleurs.

CHAPITRE VII.

Revue des Enfans.

L'article 14 du décret du 19 janvier 1811 porte que les commissions administratives des hospices feront visiter, au-moins deux fois l'année, chaque enfant, soit par un commissaire spécial, soit par les médecins ou chirurgiens vaccinateurs ou des épidémies.

Les revues fréquentes des enfans placés en nourrice ou en pension sont évidemment nécessaires pour s'assurer si ces enfans sont traités avec les soins dus à leur âge et à la protection que l'État leur accorde, et si les nourrices ou autres personnes auxquelles ils sont confiés, ne commettent à leur égard aucun abus.

Dans quelques départemens, on a proposé d'assigner un lieu où se rendraient, à une époque déterminée, toutes les nourrices d'un arrondissement, pour être soumises, avec leurs nourrissons, à la visite d'un commissaire spécial délégué par les commissions administratives; mais si l'on suivait ce mode, le transport des enfans pourrait avoir pour eux des inconvéniens et même des dangers, et l'on manquerait d'ailleurs presque entièrement le but que l'on doit avoir en vue, puisque les nourrices, préparées d'avance à la visite, soigneraient pour ce moment la tenue de leurs nourrissons, et couvriraient facilement la plupart des abus qu'elles auraient pu commettre.

Pour que la visite des enfans soit réellement utile et qu'elle ait l'effet de prévenir les négligences et de réprimer les abus, il est indispensable qu'elle soit imprévue, et ce but ne peut être rempli que par des tournées faites à des époques indéterminées, dans toutes les communes où se trouvent placés les enfans.

On pense que ces tournées pourraient être confiées, soit au médecin des épidémies de l'arrondissement, soit aux médecins et chirurgiens vaccinateurs des cantons, dans les départemens où il en a été établi.

La commission administrative de l'hospice servant de dépôt pour les enfans trouvés se concerterait avec le sous-préfet pour fixer, en les variant chaque année, les époques de ces tournées. Elle lui transmettrait, préalablement à chaque tournée, un état nominatif de tous les enfans placés en nourrice ou en pension.

On formerait un seul tableau, si la tournée était confiée à un seul médecin pour tout l'arrondissement; on le diviserait en autant d'états que de cantons, si la visite était confiée à des médecins cantonaux. Dans tous les cas, l'état contiendrait les nom et prénoms de l'enfant, son âge et son sexe, le numéro de son inscription sur les registres de l'hospice. Une colonne y serait réservée pour les observations du médecin ou chirurgien visiteur.

Les enfans qui résident dans un autre arrondissement que celui de l'hospice auquel ils appartiennent, seraient inspectés par les médecins de l'arrondissement de leur résidence. A cet effet, les commissions administratives se transmettraient réciproquement la liste des enfans qui seraient dans ce cas, avec les renseignemens indiqués dans le paragraphe précédent.

Le médecin ou chirurgien chargé de la revue inspecterait les enfans, sous le rapport de leur santé, de celle des nourrices, de la tenue des uns et des autres, du travail des enfans, de l'instruction morale et religieuse qui leur est donnée, de leur nourriture et de leurs vêtemens, et de toutes les circonstances qui peuvent intéresser leur conservation.

Il noterait ces observations sur ces différens objets, en regard du nom de chaque enfant.

Le médecin ou chirurgien inspecteur tiendrait également note des déclarations, observations ou réclamations qui lui seraient faites, soit par la nourrice, soit par l'enfant s'il était en âge d'être interrogé.

Il aurait aussi à reconnaître l'identité des enfans qui lui seraient présentés, et à s'assurer si, par une substitution frauduleuse, les nourrices ne jouissent pas, pour leurs propres enfans ou pour d'autres, de l'indemnité qui n'est due qu'à ceux qui sont confiés à la charité publique.

Le tableau de la revue de chaque médecin serait certifié par lui et transmis au sous-préfet, qui le remettrait à la commission administrative de l'hospice, en appelant son attention sur les observations qu'il pourrait contenir, et en ordonnant telles mesures auxquelles ces observations pourraient donner lieu.

Les indemnités à accorder aux médecins ou chirurgiens inspecteurs pour leurs frais de tournée, seraient réglées par le préfet, sur la proposition du sous-préfet, et le montant pourrait en être acquitté sur les fonds affectés au paiement des mois de nourrice et pensions, comme dépenses accessoires de ce service.

CHAPITRE VIII.

Du Paiement des Dépenses.

Les dépenses relatives au service des enfans trouvés et enfans abandonnés se divisent en deux classes, qu'on peut désigner sous le nom de dépenses *intérieures* et dépenses *extérieures*.

Les dépenses intérieures se composent des layettes et vêtures à fournir aux enfans trouvés ou abandonnés, et des frais d'entretien de ces enfans dans les hospices, soit avant leur départ pour la campagne ou avant leur mise en apprentissage, soit lorsque, n'ayant pu rester en nourrice ou en apprentissage, ils reviennent dans les hospices.

Les dépenses de cette nature sont à la charge des hospices appelés à recueillir les enfans. (*Décret du 19 janvier* 1811.)

Dans le cas cependant où les hospices chargés de recevoir les enfans trouvés et enfans abandonnés se trouveraient dans l'impossibilité de pourvoir à la totalité de cette dépense, la portion qu'ils ne pourraient acquitter doit être répartie sur les autres hospices du département, en proportion de leurs ressources et de leurs besoins. Cette répartition, réglée par le préfet, est soumise à l'approbation du ministre de l'intérieur, et les sommes à fournir par chaque hospice doivent être comprises dans leurs budgets, pour servir au réglement des allocations à leur accorder sur les octrois.

Les mois de nourrice et pensions des enfans trouvés et enfans abandonnés forment les dépenses extérieures. On y a toujours compris en outre les indemnités à accorder en vertu de l'arrêté du Gouvernement, du 30 ventôse an 5, pour les neuf premiers mois de la vie des enfans, et lorsqu'ils ont atteint leur douzième année, et on doit y comprendre également les indemnités à accorder pour la revue et l'inspection des enfans.

Il est pourvu aux dépenses extérieures au moyen :

1.° De la portion des amendes et confiscations affectée à la dépense des enfans trouvés;

2.° De la portion des revenus des hospices, spécialement affectée à la même destination ;

3.° Des allocations votées par les conseils généraux et approuvées par le ministre, sur le produit des centimes affectés aux dépenses départementales ;

4.° Des contingens assignés sur les revenus des communes.

Le préfet doit remettre au conseil général, à l'ouverture de chaque session, un rapport détaillé sur la dépense présumée des enfans trouvés et enfans abandonnés entretenus en nourrice ou en pension, et sur les moyens d'y pourvoir.

Le conseil général, en votant la somme à allouer pour ce service, soit sur le produit des centimes affectés aux dépenses variables, soit sur le produit des centimes facultatifs, doit émettre son vœu sur la quotité de la somme qui peut être rejetée sur les communes, et sur les bases de la répartition de cette somme.

Le préfet adresse au ministre, par un envoi spécial et distinct de celui des budgets, les propositions qu'il a faites et le vœu émis par le conseil général. Le ministre règle alors définitivement les moyens de pourvoir à la dépense, et le mode de répartition du contingent assigné aux communes.

La somme à fournir par chaque commune est ensuite comprise dans son budget, s'il n'est pas encore approuvé, et, au cas contraire, dans le budget de l'exercice suivant, par voie de rappel.

Le préfet peut autoriser les communes dont les budgets se trouvent déjà réglés, à acquitter, si leur situation le permet, sur leurs revenus de l'exercice courant, les contingens qui leur sont assignés, sauf régularisation dans le budget de l'année suivante.

Les contingens assignés aux communes doivent être versés par elles dans la caisse du receveur-général du département, pour être réunis à la somme allouée au budget départemental pour le service des enfans trouvés; et le préfet ordonnance successivement, sur ces fonds, le remboursement des avances faites par les hospices pour le paiement des mois de nourrice et pensions, et autres dépenses accessoires.

Le paiement des mois de nourrice et pensions ne doit avoir lieu que sur la représentation, 1.° de la carte ou du bulletin donné par l'hospice à la personne chargée de l'enfant; 2.° d'un certificat de vie de l'enfant ou de son acte de décès.

Le certificat de vie doit être délivré par le maire de la commune où l'enfant se trouve en nourrice ou en pension, et constater que le maire a vu l'enfant dont il certifie l'existence; il doit être donné sur papier libre et sans frais, et le sceau de la mairie doit y être apposé. Les commissions administratives des hospices et les préfets prescriront, pour la délivrance des certificats de vie, toutes les précautions qu'ils jugeront propres à en assurer l'authenticité.

Si l'enfant n'a pas été vacciné avant d'être mis en nourrice ou en pension, il est utile d'exiger pour le paiement du premier trimestre un certificat duement légalisé par le maire, constatant que l'enfant a été vacciné, et il sera fait mention de ce certificat sur le registre de paiement.

En cas de mort d'un enfant, les personnes qui en étaient chargées doivent rapporter une expédition de son acte de décès. Cette expédition doit être délivrée sans frais et sur papier libre par l'officier de l'état civil, qui mentionnera, conformément à la loi du 13 brumaire an 7, qu'elle est destinée à l'administration de l'hospice auquel appartenait l'enfant décédé.

Les administrations des hospices chargés d'enfans trouvés ou enfans abandonnés font arrêter, après l'expiration de chaque trimestre, les états des paiemens à faire pour les mois de nourrice et pensions du trimestre échu. Ces états doivent être distincts pour les enfans trouvés et pour les enfans abandonnés; et le décompte de ce qui est dû pour chaque enfant doit être établi d'après la production de son certificat de vie ou de son acte de décès.

Le ministre des finances a consenti à ce que les percepteurs des communes fissent l'avance, sur les fonds provenant des contributions directes, des sommes à payer aux nourrices, lorsque les états des sommes à payer auraient été dressés par les soins des commissions administratives et ordonnancés par les préfets. Les états émargés par les nourrices seraient versés pour comptant, par les percepteurs, à la caisse du receveur particulier des finances, qui lui-même les verserait à la recette générale, et le receveur des hospices en rembourserait ensuite le montant au receveur général.

Ce mode a été adopté avec succès dans beaucoup de départemens, et il semble utile de le suivre partout où les localités et les usages ne rendront pas un autre mode plus avantageux.

Indépendamment des états trimestriels de dépense que les commissions administratives des hospices doivent adresser aux préfets, elles doivent leur transmettre, dans les deux mois qui suivent l'expiration de chaque année, un état général du mouvement et de la dépense des enfans trouvés et enfans abandonnés qui ont été à leur charge pendant l'année écoulée.

Le préfet forme de ces états, pour tout son département, un tableau rédigé conformément au modèle ci-annexé, n.° XIV, qu'il adresse au ministre avant l'expiration du premier trimestre.

CHAPITRE IX.

De la Tutelle.

Les règles relatives à la tutelle des enfans à la charge des hospices ont été clairement établies par la loi du 15 pluviôse an 13 [4 février 1805], dont il suffit de rapporter ici le texte :

« Art. 1.er Les enfans admis dans les hospices, à quelque titre et sous quelque dénomination que ce soit, » seront sous la tutelle des commissions administratives de ces maisons, lesquelles désigneront un de leurs » membres pour exercer, le cas advenant, les fonctions de tuteur, et les autres formeront le conseil de tutelle.

» Art. 2. Quand l'enfant sortira de l'hospice pour être placé comme ouvrier, serviteur ou apprenti, » dans un lieu éloigné de l'hospice où il avait été placé d'abord, la commission de cet hospice pourra, par » un simple acte administratif, visé du préfet ou du sous-préfet, déférer la tutelle à la commission adminis- » trative de l'hospice du lieu le plus voisin de la résidence actuelle de l'enfant.

» Art. 3. La tutelle des enfans admis dans les hospices durera jusqu'à leur majorité ou émancipation par » mariage ou autrement.

» Art. 4. Les commissions administratives des hospices jouiront, relativement à l'émancipation des » mineurs qui sont sous leur tutelle, des droits attribués aux pères et mères par le Code civil.

» L'émancipation sera faite, sur l'avis des membres de la commission administrative, par celui d'entre » eux qui aura été désigné tuteur, et qui seul sera tenu de comparaître à cet effet devant le juge de paix.

» L'acte d'émancipation sera délivré sans autres frais que ceux d'enregistrement et de papier timbré.

» Art. 5. Si les enfans admis dans les hospices ont des biens, le receveur de l'hospice remplira, à cet » égard, les mêmes fonctions que pour les biens des hospices.

» Toutefois les biens des administrateurs-tuteurs ne pourront, à raison de leurs fonctions, être passibles » d'aucune hypothèque.

» La garantie de la tutelle résidera dans le cautionnement du receveur chargé de la manutention des » deniers et de la gestion des biens.

» En cas d'émancipation, il remplira les fonctions de curateur.

» Art. 6. Les capitaux qui appartiendront ou écherront aux enfans admis dans les hospices, seront » placés dans les monts-de-piété; dans les communes où il n'y aurait pas de monts-de-piété, ces capitaux » seront placés à la Caisse d'Amortissement (*), pourvu que chaque somme ne soit pas au-dessous de » 150 francs; auquel cas il en sera disposé selon ce que réglera la commission administrative.

» Art. 7. Les revenus des biens et capitaux appartenant aux enfans admis dans les hospices seront » perçus, jusqu'à leur sortie desdits hospices, à titre d'indemnité des frais de leur nourriture et entretien.

» Art. 8. Si l'enfant décède avant sa sortie de l'hospice, son émancipation ou sa majorité, et qu'aucun » héritier ne se présente, ses biens appartiendront en propriété à l'hospice, lequel en pourra être envoyé » en possession à la diligence du receveur, et sur les conclusions du ministère public.

» S'il se présente ensuite des héritiers, ils ne pourront répéter les fruits que du jour de la demande.

» Art. 9. Les héritiers qui se présenteront pour recueillir la succession d'un enfant décédé avant sa » sortie de l'hospice, son émancipation ou sa majorité, seront tenus d'indemniser l'hospice des alimens » fournis et dépenses faites pour l'enfant décédé, pendant le temps qu'il sera resté à la charge de l'admi- » nistration; sauf à faire entrer en compensation, jusqu'à due concurrence, les revenus perçus par l'hospice.

» Les commissions administratives des hospices et les préfets doivent veiller à ce que ces dispositions » soient régulièrement suivies ».

CHAPITRE X.

De la Reconnaissance et de la Réclamation des Enfans.

Les enfans exposés ou abandonnés ne doivent être remis aux parens qui les réclameraient, qu'à la charge par ces derniers, de rembourser toutes les dépenses que les enfans ont occasionnées.

Il ne peut être fait d'exception que pour les parens qui sont reconnus hors d'état de rembourser tout ou partie de cette dépense.

Les exceptions ne peuvent avoir lieu qu'autant qu'elles sont autorisées par les préfets, qui doivent prendre toutes les mesures nécessaires pour constater la position réelle des réclamans.

Il importe d'obvier aux inconvéniens qui résultent du peu d'obstacles que les parens des enfans exposés éprouvent à les visiter, et à se procurer des renseignemens sur les lieux qu'ils habitent, sur les personnes auxquelles ils sont confiés. Les renseignemens à donner aux parens doivent se borner à leur faire connaître l'existence ou le décès des enfans.

Les administrations qui ont recueilli les enfans, doivent intimer à leurs agens l'ordre de ne point s'écarter de cette règle; et son exécution rigoureuse préviendra successivement l'exposition et l'abandon d'un grand nombre d'enfans.

Les personnes qui réclament un enfant, doivent donner sur lui et les circonstances de son exposition des détails tels, qu'ils ne permettent pas de prendre le change sur l'enfant qui leur appartenait et sur celui qu'on leur rend.

La remise d'un enfant aux parens qui le réclament, ne doit avoir lieu que sur un certificat de leur moralité, délivré par le maire de leur commune, et attestant en outre qu'ils sont en état d'élever leurs enfans.

Fait à Paris, le 8 février 1823.

Le Conseiller-d'État, chargé de l'Administration générale des Hospices et Établissemens de bienfaisance,

Signé B.on CAPELLE.

Vu et approuvé par nous, Ministre Secrétaire-d'État au département de l'intérieur.

Signé CORBIÈRE.

Pour ampliation :

Le Conseiller-d'État,

(*) Aujourd'hui la Caisse des Dépôts et Consignations.

TABLEAUX
ET PIÈCES DIVERSES
A L'APPUI DES INSTRUCTIONS.

N.° 1.

DÉPARTEMENT

d

ÉTAT du Renouvellement des Conseils de Charité, des Commissions administratives d'hospices et des Bureaux de Bienfaisance, pour l'Exercice

EXERCICE

DÉSIGNATION des arrondissem.s	DÉSIGNATION de l'administr.on et des établissem.ns	COMMUNES où ils sont situés.	NOMS des membres sortans.	CAUSES de la sortie.	NOMS des candidats présentés par le préfet.	PROFESSIONS ou fonctions des candidats	CHOIX de Son Exc. le Ministre de l'Intérieur	*OBSERVAT.ns*

N.° 2.

DÉPARTEMENT

d

Département d , pour le renouvellement des Conseils de Charité, des Commissions administratives d'Hospices et des Bureaux de Bienfaisance de ce département, pour l'année

EXERCICE

DÉSIGNATION de l'administration et de l'établissement.	DÉSIGNATION de la commune où il est situé.	NOMBRE des membres nommés.	MOTIFS de la nomination. (1)	DATES des arrêtés de nomination.	*OBSERVATIONS.*
					(1) On indiquera dans cette colonne si la nomination a eu lieu pour cause de décès, de démission, de changement de domicile ou d'ancienneté.

N.° 3.

DÉPARTEMENT

EXERCICE

ÉTAT du Mouvement des Hôpitaux du Département d pendant l'année 182 .

DÉSIGNATION DES HOSPICES et des lieux où ils sont situés.	MALADES CIVILS.						VIEILLARDS INCURABLES.						ENFANS ET ORPHELINS DE FAMILLES INDIGENTES.						ENFANS TROUVÉS ET ENFANS ABANDONNÉS.						MALADES MILITAIRES.					
	Existans au 1.er janvier.	Entrés dans le cours de l'année.	Sortis dans le cours de l'année.	Morts dans le cours de l'année.	Restans au 31 décembre.	Nombre de journées pour l'année.	Existans au 1.er janvier, à titre de retraite à vie.	Admis pendant le cours de l'année.	Sortis.	Morts.	Restans au 31 décembre.	Nombre de journées pour l'année.	Existans au 1.er janvier.	Reçus dans le cours de l'année.	Sortis.	Morts.	Restans au 31 décembre.	Nombre de journées pour l'année.	Existans au 1.er janvier dans l'intér.r des hospices.	Déposés dans le cours de l'année.	Sortis pour être mis en nourrice.	Morts à l'hospice.	Restans au 31 décembre dans l'intér.r des hospices.	Nombre de journées pour l'année.	Existans au 1.er janvier.	Entrés dans le cours de l'année.	Sortis dans le cours de l'année.	Morts dans le cours de l'année.	Restans au 31 décembre.	Nombre de journées pour l'année.

CERTIFIÉ véritable dans toutes ses parties par nous, Préfet du Département d le 182 .

N.° 4.

NOTICE

Sur la Construction et la Distribution des Edifices à bâtir ou à approprier à l'usage des Hôpitaux et Hospices, dressée par M. de Gisors, Membre du Conseil des Bâtimens civils, d'après la demande de M. le Conseiller d'état chargé de l'administration des Hospices et des Etablissemens de Bienfaisance.

Des Hospices à construire entièrement à neuf:

Choix de l'Emplacement et Exposition.

Un hospice, comme un hôpital, doit être construit sur un terrain sec et un peu élevé, où néanmoins on puisse se procurer aisément de l'eau en abondance. Il faut, autant que possible, qu'il soit à l'abri des vents d'ouest et sud-ouest; on doit, en conséquence, le placer tellement qu'il soit dominé, de ces côtés par des hauteurs ou édifices élevés, dont l'usage n'occasionne aucunes exhalaisons susceptibles de vicier l'air. On doit l'orienter au sud-est, à l'est ou au nord-est. Il est avantageux de l'avoisiner de plantations d'arbres de haute-futaies, d'espèces dont les émanations ne soient ni fétides ni insalubres. Il doit aussi être éloigné des établissemens bruyans, et de ceux dont l'exploitation produit de la malpropreté et des exhalaisons pernicieuses à la santé.

Constructions.

Il importe beaucoup que les murailles des corps-de-logis destinés à l'habitation et aux infirmeries aient assez d'épaisseur pour que ni l'extrême chaleur ni l'extrême froid ne puissent les pénétrer. Ces murailles doivent être construites avec les plus solides matériaux, et hourdées avec le plus grand soin, afin que la vermine ne puisse y former aucuns repaires. La moindre épaisseur que l'on doive donner à ces murs et de cinquante centimètres: cette épaisseur est insuffisante lorsqu'ils doivent être construits en petits matériaux, tels que cailloux ou petits moëllons mal gisans. Ces mêmes murs doivent toujours être *enduits* à l'intérieur des salles. Les pans de bois doivent être proscrits pour les constructions extérieures de ces salles. Elles doivent, de préférence, être voûtées, toutes les fois que cela est facile et que l'on peut donner aux murailles une épaisseur susceptible de résister à la poussée des voûtes. Le sol des salles du rez-de-chaussée doit toujours être élevé au-dessus du sol extérieur d'au-moins soixante centimètres. On doit, lorsqu'il n'y a pas à vaincre de trop grandes difficultés, faire ensorte d'établir des courans d'air sous ces salles. Elles doivent être planchéiées au-moins dans la surface occupée par les lits: celles pratiquées aux étages supérieurs peuvent être carrelées. Les salles qui se trouvent immédiatement au-dessous des combles doivent en être séparées par un plancher plafonné. S'il y a nécessité absolue de pratiquer des dortoirs dans les combles eux-mêmes, les entrevous du chevronnage doivent être hourdés pleins, ou au-moins ceintrés par des augets à faire, soit en plâtre, soit en mortier. Ces précautions ont pour objet de rendre ces combles moins chauds en été, et moins froids en hiver: ils doivent être lambrissés et bien enduits.

Dispositions des divers corps de logis, pour les services de toutes sortes.

Toutes les localités nécessaires à l'administration de l'établissement doivent être pratiquées dans sa partie antérieure, afin que les personnes de l'extérieur n'aient pas à pénétrer habituellement dans son intérieur. Il est nécessaire qu'à son entrée il y ait une salle de réception, et des bains de propreté où l'on puisse nettoyer les arrivans.

Les locaux destinés aux blessés, aux vénériens, aux impotens, aux convalescens, doivent être dans les pièces du rez-de-chaussée, en les y établissant bien distinctement et bien séparément. Il faut encore des quartiers séparés pour les maladies cutanées, ainsi que pour les fous et les épileptiques: il convient que ces quartiers soient aussi pratiqués au rez-de-chaussée. Les salles d'opérations chirurgicales doivent être éloignées de celles des malades, afin qu'ils n'entendent pas les cris et les plaintes de ceux que l'on opère. C'est dans le voisinage de ces salles d'opérations qu'il convient de placer les amphithéâtres pour l'instruction des élèves en médecine et en chirurgie. Les pharmacies et leurs laboratoires doivent être, autant que possible, au rez-de-chaussée.

Les buanderies, lavoirs, étendoirs, doivent être sur les derrières ou sur les côtés de l'établissement, et disposés de manière à ce qu'ils puissent être en vue le moins possible, l'aspect de ces lieux étant désagréable.

Les dortoirs et les salles de malades, autres que celles dont il vient d'être parlé, doivent être dans les étages supérieurs à celui du rez-de-chaussée. Les moindres largeurs à donner à ces salles sont de huit mètres pour celles à deux rangées de lits, et de cinq pour celles à une seule rangée: la hauteur de celles-ci peut suffire à quatre mètres, mais celle des autres doit être au-moins de cinq. Les baies de croisées de ces mêmes salles doivent être disposées de manière que l'on puisse y établir des courans d'air, soit transversalement, soit longitudinalement. Lorque les croisées sont sur la longueur des salles, la distance d'une baie à l'autre doit être de trois mètres, savoir: deux mètres pour la largeur de deux lits, et un mètre pour l'intervalle qui les sépare. La largeur de ces baies doit n'avoir pas moins d'un mètre trente centimètres : le devant de ces mêmes baies doit rester libre, leurs appuis ne doivent jamais être au-dessous de la hauteur des couchers. Il est nécessaire que les murailles des salles soient enduites, et que leurs planchers soient plafonnés.

Il faut que, dans le voisinage de ces mêmes salles, il soit pratiqué de petites pièces pour tisanneries, dépôts de linge et d'ustensiles d'un usage journalier, pour logemens d'infirmiers et infirmières, et autres services de détails.

Les escaliers qui desservent les salles doivent être bien éclairés, et assez larges et assez doux pour que l'on puisse aisément y porter des malades, et que ceux de ces malades qui les fréquentent puissent le faire sans trop de fatigue. C'est dans le voisinage de ces escaliers que l'on doit établir les latrines, qui sont à disposer de manière qu'il y ait des courans d'air entre elles. On doit toujours pratiquer pour ces latrines de larges cheminées ou tuyaux d'évent qui montent depuis la voûte des fosses jusqu'au-dessus de la toiture des corps-de-logis des malades. Ces cheminées ou tuyaux d'évent sont inutiles lorsque les matières peuvent tomber dans des courans d'eau qui les entraînent de suite.

Les salles peuvent être chauffées indifféremment par des poêles ou par des cheminées ; mais la nécessité d'économiser le combustible doit faire donner la préférence aux poêles. Ils doivent être construits avec des fours et un bassin supérieur, pour recevoir du sable, sur lequel on puisse, comme dans les fours, tenir chauds les alimens et boissons des malades.

Il est important de pouvoir se procurer continuellement de l'eau dans les salles; tant que cela est possible, on doit y pratiquer des tuyaux et robinets alimentés par des réservoirs à établir à cet effet dans des positions élevées.

Moyens de salubrité pour les salles.

Afin que toute la masse d'air contenue entre le plancher et le plafond ou la voûte d'une salle puisse être renouvelée, il faut pratiquer des ventilateurs dans chaque muraille longitudinale, et se correspondant directement, afin d'établir des courans d'air dans des momens opportuns. Dans les salles du rez-de-chaussée, et dans celles qui ne sont pas immédiatement au-dessous des combles, les ventilateurs sont, *pour le bas* des salles, de petites ouvertures pratiquées à fleur du plancher, au-dessous des appuis des croisées; *pour le haut*, ils se composent, soit de semblables ouvertures à fleur du plafond, soit de la partie haute des châssis à verre de ces croisées. On se figure aisément comment ces ventilateurs-ci s'ouvrent et se ferment; les autres sont garnis chacun d'une petite vanne mouvant verticalement dans des coulisses attachées à la muraille. Dans les salles voûtées, les ventilateurs supérieurs, qui ne peuvent être dans les croisées, si elles ne pénètrent pas la voûte, sont pratiqués dans des lunettes ou des espèces de soupiraux ménagés à cet effet dans ces voûtes. Il est bien entendu que des ventilateurs ainsi disposés sont pour des salles isolées sur leur longueur, c'est-à-dire, pour des salles telles que l'on doit les projeter dans un hospice ou un hôpital à bâtir entièrement à neuf.

Dans les salles des malades qui ne peuvent aller aux latrines, il convient de pratiquer dans la direction de la ruelle de deux lits accouplés au-devant de chaque trumeau qui sépare les baies de croisées, et dans ce trumeau, une espèce de niche ou renfoncement pour loger une chaise percée. Au bas de ce renfoncement doit être un soupirail par où cette chaise puisse être retirée par le moyen d'un balcon à établir au-dehors, au niveau du plancher de chaque salle. Ce soupirail serait bouché extérieurement par un volet fermant bien hermétiquement.

Des Bâtimens existans à approprier à un Hospice ou à un Hôpital.

Ce qui vient d'être dit concernant les dispositions pour les services de toute sorte, et les moyens de salubrité d'un hôpital et d'un hospice à faire à neuf, est applicable à des bâtimens existans, toutes les fois que des difficultés ne s'y opposent pas. Voici quelques détails relatifs à ces difficultés.

Les salles auxquelles on ne peut donner deux expositions sont peu avantageuses, par la difficulté d'y établir des courans pour le renouvellement de l'air. Le moyen à employer pour y parvenir consiste, 1.° à ouvrir des ventilateurs sous les appuis de leurs croisées, *pour le bas*, et de rendre mobile la partie haute des châssis à verre, *pour le haut;* 2.° à pratiquer dans le plafond ou dans la voûte de ces salles, des cheminées d'évent, s'élevant au-dessus de la toiture. Le nombre de ces cheminées, pour chaque salle, doit être déterminé par sa longueur, mais tellement, qu'elles ne soient pas distantes l'une de l'autre de plus de six mètres.

Si la division des croisées oblige à mettre des lits au-devant d'elles, il est absolument nécessaire que les appuis de ces croisées soient élevés à la hauteur des chevets des couchettes. S'il y a à cet exhaussement des obstacles insurmontables, on doit laisser une ruelle entre ces chevets et la muraille. S'il est nécessaire d'augmenter le nombre des croisées existantes, et que l'on puisse choisir le côté où on les ouvrira, il faut donner la préférence à celui du levant, ou à celui du sud-est ou du nord-est.

Si les murailles sont lézardées, on doit avoir grand soin de les remettre en bon état, et surtout de les enduire. Il faut aussi que toutes les salles soient plafonnées; que celles du rez-de-chaussée soient planchéiées. On doit aussi rendre les escaliers commodes et les communications faciles, et faire en sorte que le service d'un sexe ne soit jamais confondu avec celui de l'autre.

La présente note dressée par moi soussigné, inspecteur-général et membre du conseil des bâtimens civils.

A Paris, le 5 septembre 1821.

G. DE GISORS.

N.° 5.

DÉPARTEMENT

HOSPICE d

ARRONDISSEMENT

d

COMMUNE

d

Budget des Recettes et Dépenses de l'année 182

POPULATION HABITUELLE.					fr.	c.	OBSERVATIONS.
Nombre de malades civils.			donnant	journées à			
Nombre de malades militaires.			donnant	journées à			
Nombre de vieillards.			donnant	journées à			
Nombre des enfans et orphelins de familles indigentes admis dans l'hospice.			donnant	journées à			
Nombre des enfans trouvés entretenus dans l'intérieur de l'hospice.			donnant	journées à			
Nombre des nourrices sédentaires.			donnant	journées à			
Nombre des sœurs hospitalières.			donnant	journées à			
Nombre des préposés et servans nourris dans l'hospice.			donnant	journées à			
Nombre des personnes attachées au service de santé, non nourries.			donnant	journées à			
Nombre des employés de l'administration, non nourris.			donnant	journées à			
TOTAL.							
Nombre des enfans trouvés et abandonnés, placés en nourrice ou en pension.			donnant	journées à			
TOTAL général.			TOTAL				
TOTAL de la Dépense générale présumée.							

Chapitre I.er — Recettes ordinaires.

	Sommes portées par l'Administration.	Sommes arrêtées par le Préfet.
Article 1. Loyers des maisons et terrains.		
2. Fermages en argent des biens ruraux.		
3. Coupes de bois réglées.		
4. Rentes sur l'État.		
5. Rentes sur particuliers.		
6. Rentes sur communes.		
7. Produit des domaines et jardins exploités directement par l'administ.		
8. Intérêts des capitaux placés au mont-de-piété.		
9. Fonds alloués sur l'octroi.		
10. Produits des droits sur les spectacles, bals, concerts.		
11. Pensions.		
12. Journées de militaires.		
13. Produit de la pharmacie.		
14. Produit du travail de la maison.		
15. Dons, aumônes et collectes.		
16. Produit de la vente des effets des décédés.		
17. Amendes et confiscations.		
18. Fonds alloués pour le service des enfans trouvés.		
19. Recettes imprévues (on expliquera en quoi elles peuvent consister).		
20. Produit de la vente des denrées ou grains excédant les besoins de l'établ.		
21.		
22.		
23.		
24.		
25.		
Total du Chapitre I.er		

	SOMMES	
	portées par L'ADMINISTRATION.	arrêtées par LE PRÉFET.
CHAPITRE II. — Recettes extraordinaires.		
ARTICLE. 1. Excédant du budget de l'année précédente.		
2. Coupes de bois extraordinaires.		
3. Legs et donations.		
4. Rachats de rentes..		
5. Ventes de terrains ou maisons.		
6. Remboursemens de capitaux.		
7.		
8.		
9.		
10.		
TOTAL du II.e Chapitre.		
CHAPITRE III. — Recettes en nature.		
ARTICLE UNIQUE. Montant des rentes, fermages ou autres produits en nature détaillés dans la note ci-jointe, et évalués en argent suivant le prix moyen des mercuriales, ci.		
RÉCAPITULATION.		
CHAPITRE I.er Recettes ordinaires.		
CHAPITRE II. Recettes extraordinaires..		
CHAPITRE III. Recettes en nature.		
TOTAL GÉNÉRAL des Recettes.		

	SOMMES portées par l'ADMINISTRATION.		SOMMES arrêtées par LE PRÉFET.	
CHAPITRE II. — Dépenses extraordinaires.				
ARTICLE 1. Constructions et grosses réparations.				
2. Achat de terrains ou bâtimens..				
3.				
4.				
TOTAL du II.e Chapitre.				
CHAPITRE III. — Consommations en nature.				
ARTICLE UNIQUE. Montant des grains, denrées et autres produits recueillis en nature, consommés dans l'établissement, et évalués en argent suivant le prix moyen des mercuriales, ainsi que le justifie la note de développement ci-annexée.				
RÉCAPITULATION.				
CHAPITRE I.er Dépenses ordinaires..				
CHAPITRE II. Dépenses extraordinaires.				
CHAPITRE III. Consommations en nature.				
TOTAL GÉNÉRAL des Dépenses				
RÉSULTAT.				
MONTANT de la Recette présumée.				
MONTANT de la Dépense.				
EXCÉDANT..				
DÉFICIT.				

PRÉSENTÉ par nous, Administrateurs de l'Hospice de la Commune d *pour l'année*

Fait à *, le* 182

VU et arrêté par nous, Préfet du département d
conformément aux sommes portées dans la deuxième colonne.

Le 182

Nota. Pour les budgets qui doivent être soumis à l'approbation du Ministre, la deuxième colonne indiquera les sommes proposées par le Préfet, et l'on aura soin d'ajouter une troisième colonne destinée à recevoir la fixation qui sera arrêtée par Son Excellence.

N.° 6.

DÉPARTEMENT
d

TABLEAU DU MOUVEMENT *de la Caisse de l'Hospice d*

RECETTES.

NATURE DES RECETTES.	FOLIOS du GRAND-LIVRE.	SOMMES A RECOUVRER d'après les budgets.	RECETTES EFFECTUÉES avant l'ouverture du trimestre.	RECETTES EFFECTUÉES pendant le cours du trimestre.	RESTE A RECOUVRER.	EXCÉDANT DE RECOUVREM.s et Recettes non prévues.	OBSERVATIONS.
Sur l'Exercice courant.							
Loyers des maisons et terrains.							
Fermages en argent des biens ruraux. . .							
Coupes de bois réglées.							
Rentes sur l'État.							
Rentes sur particuliers.							
Rentes sur communes.							
Intérêts des capitaux placés au mont-de-piété.							
Fonds alloués sur l'octroi.							
Produit des droits sur les spectacles, bals, concerts.							
Pensions (pour admission).							
Journées de militaires.							
Produit de la pharmacie.							
Produit du travail de la maison.							
Dons, aumônes et collectes.							
Produit de la vente des effets des décédés.							
Amendes et confiscations.							
Fonds alloués pour les enfans trouvés. .							
Coupes de bois extraordinaires.							
Legs et donations.							
Rachats de rentes.							
Ventes de terrains et maisons.							
Remboursemens de capitaux.							
Recettes imprévues.							
Produit de la vente des denrées ou grains excédant les besoins de l'établissement.							
TOTAUX.							
Sur les Exercices antérieurs.							
On aura soin de désigner ici les articles de recettes sur lesquels il y aurait des restes à recouvrer.							
TOTAUX.							

pendant le trimestre de 182

ARRONDISSEMENT
d

DÉPENSES.

NATURE DES DÉPENSES.	FOLIO du GRAND-LIVRE.	SOMMES À DÉPENSER d'après le budget.	PAIEMENS EFFECTUÉS avant l'ouverture du trimestre.	PAIEMENS EFFECTUÉS pendant le cours du trimestre.	RESTE À DÉPENSER.	EXCÉDANT DE DÉPENSES et dépenses non prévues.	*OBSERVATIONS.*
Sur l'Exercice courant.							
'raitemens des médecins et chirurgiens.							
;ages des employés et servans.							
.éparations et entretien de bâtimens. . .							
:ntretien du mobilier et des ustensiles.							
)épenses du coucher.							
.inge et habillement.							
;lés, farine, pain. . . . . . . (Achetés pour le service de l'établissement.)							
'iande. . . . . (Achetés pour le service de l'établissement.)							
'in. . . . . (Achetés pour le service de l'établissement.)							
:omestibles. . . . . (Achetés pour le service de l'établissement.)							
/Ienus objets de consommation. (Achetés pour le service de l'établissement.)							
3lanchissage.							
:hauffage.							
Éclairage.							
)épenses de pharmacie.							
'ensions ou rentes à la charge de l'Étab.t							
:ntretien et menues réparations des propriétés.							
:ontributions assises sur ces propriétés. .							
)épenses des mois de nourrice et pensions.							
'rais de layettes et vêtures.							
'rais de bureau.							
'rais de procédure.							
:onstructions et grosses réparations. . . .							
\chat de terrains et bâtimens.							
Dépenses imprévues.							
TOTAUX.							
Sur les Exercices antérieurs. On aura soin de désigner ici les articles de dépenses sur lesquels il y aurait des restes à payer.							
TOTAUX.							

Le Receveur avait en caisse, le dernier jour du trimestre précédent. . . . .

Il a reçu pendant le cours du trimestre de la somme de. . . . .

TOTAL. . . . .

Les dépenses se sont élevées, pendant le trimestre, à. . . . .

Partant, il reste en caisse au . . . .

Certifié par nous Receveur de l'Hospice d
le

Vu et vérifié par nous Administrateurs de l'Hospice de
le

N.° 7.

DÉPARTEMENT d

HOSPICE d

ANNÉE 182 .

ARRONDISSEMENT d

JOURNAL général et Livre de Caisse de toutes les Recettes et Dépenses effectuées par le S.r Receveur de l'Hospice d

NUMÉROS d'ordre.	FOLIO du GRAND-LIVRE.	RECETTES.	SOMMES REÇUES. f.	c.
		Du 1.er Janvier 1823.		
1	1	Reliquat existant au 31 décembre 1822 dans la caisse des hospices	1,800	00
		Du 1.er Janvier.		
2	1	*Loyers de maisons.* — Reçu du S.r la somme de deux mille francs pour loyers de la maison sise à qu'il tient à bail au prix annuel de suivant acte du dont cinq cents fr. pour loyers échus le et quinze cents francs pour loyers échus le	2,000	00
		Du 1.er Janvier.		
3	1	*Loyers de maisons.* — Reçu du S.r la somme de six cents francs pour loyers échus le de la maison sise à qu'il tient à bail au prix annuel de suivant acte du . . .	600	00
		Du 2 Janvier.		
4	2	*Fermages en argent.* — Reçu du S.r la somme de huit cents francs pour les fermages échus le du domaine qui lui a été affermé au prix annuel de suivant acte du	800	00
		Du 6 Janvier.		
100		*Produit de la vente des grains ou denrées excédant les besoins de l'établissement.* — Reçu du S.r la somme de cinq cents francs pour le prix de mille bottes de paille vendues au profit de l'Établissement, suivant acte d'adjudication du ci.	500	00

NUMÉROS d'ordre.	FOLIO du GRAND-LIVRE.	DÉPENSES.	SOMMES PAYÉES. f.	c.
		Du 1.er Janvier 1823.		
1	1	*Traitemens et gages.* — Payé aux employés et servans de l'hospice pour les traitemens et gages du dernier trimestre de 1822, suivant l'état ordonnancé par l'ordonnateur le la somme de quatre mille francs.	4,000	00
1	2	*Viande.* — Payé au S.r pour la fourniture de deux cents kilogrammes de viande au prix de suivant l'adjudication qui lui a été passée le la somme de deux cents francs	200	00
		Du 30 Novembre.		
60		*Blé.* — Payé au S.r la somme de quatre cent quatre-vingts francs, pour le prix de trente hectolitres de froment achetés pour subvenir au service de l'Établissement, suivant acte d'adjudication du ci.	480	00

N.° 8. HOSPICE d

ANNÉES 182 .

DÉPARTEMENT d

ARRONDISSEMENT d

GRAND-LIVRE

DES COMPTES DE RECETTES ET DÉPENSES EN ARGENT.

RECETTES.

NUMÉROS du JOURNAL.	DATES.		SOMMES REÇUES.	
		Loyers de maisons.		
		A recouvrer sur l'exercice courant, suivant le budget. A recouvrer sur les exercices antérieurs, suivant le dernier compte.		
			f.	c.
1	1.er janvier.. . .	Reçu du S.r la somme de deux mille fr. pour loyer de la maison sise à , qu'il tient à bail au prix annuel de suivant acte du dont cinq cents fr. pour loyers échus le et mille cinq cents fr. pour loyers échus le	2,000	00
2	1.er janvier.. . .	Reçu du S.r la somme de six cents fr. pour loyers échus le de la maison sise à qu'il tient à bail au prix annuel de suivant acte du	600	00
		Fermages, en argent, des bien ruraux.		
		A recouvrer sur l'exercice courant, suivant le budget. A recouvrer sur les exercices antérieurs, suivant le dernier compte.		
4	2 janvier.. . . .	Reçu du S.r la somme de huit cents fr. pour les fermages échus le du domaine qui lui a été affermé au prix annuel de suivant acte du	800	00
		Produit de la Vente des denrées ou grains excédant les besoins de l'Établissement.		
		A recouvrer sur l'exercice courant, suivant le budget. A recouvrer sur les exercices antérieurs, suivant le dernier compte.		
100	30 décembre.. .	Reçu du S.r la somme de cinq cents francs, pour le prix de mille bottes de paille vendues au profit de l'Établissement, ci.	500	00
		(Suivre dans le même sens tous les articles du budget, en donnant à chaque section l'étendue nécessaire, selon le nombre présumé d'articles à y porter.)		

HOSPICE *d*

ANNÉES 182 .

DÉPARTEMENT *d*

ARRONDISSEMENT *d*

GRAND-LIVRE

DES COMPTES DE RECETTES ET DÉPENSES EN ARGENT.

DÉPENSES.

NUMÉROS du JOURNAL.	DATES.		SOMMES PAYÉES.	
		Traitemens et Gages. A dépenser sur l'exercice courant, suivant le budget. . . . . A acquitter sur les exercices antérieurs, suivant l'état annexé au dernier compte.		
1	1.er janvier. . . .	Payé aux employés et servans de l'hospice pour les traitemens et gages du dernier trimestre de 182 , suivant l'état ordonnancé par l'ordonnateur le la somme de.	*f.* 4,000	
		Viande. A dépenser sur l'exercice courant, suivant le budget. . . . . A acquitter sur les exercices antérieurs, suivant l'état annexé au dernier compte.		
2		Payé au S.r pour sa fourniture de deux cents kilogrammes de viande, au prix de un fr. le kilogramme, suivant l'adjudication qui lui a été passée le la somme de.	200	
		Blé, Farine, Pain. A dépenser sur l'exercice courant, suivant le budget. . . . . A acquitter sur les exercices antérieurs, suivant l'état annexé au dernier compte.		
3		Payé au S.r la somme de quatre cent quatre-vingts fr., pour le prix de trente hectolitres de froment achetés pour subvenir aux besoins des hospices.	480	
		(Suivre dans le même sens tous les articles du budget, en donnant à chaque section l'étendue nécessaire, selon le nombre présumé d'articles à y porter.)		

N.° 9.

DÉPARTEMENT

HOSPICE d

ANNÉE 182

ARRONDISSEMENT

d

LIVRE-JOURNAL DES RECETTES ET DÉPENSES effectuées par le Receveur de l'Hospice d sur les Produits en nature appartenant à cet Etablissement.

N.os d'ordre	Folios du Grand-Livre	RECETTES ou ENTRÉE.	Quantités reçues — Hectol.	Quantités reçues — Kilog.	Quantités reçues — Mesures diverses	Évaluation en argent, d'après les mercuriales
		Du 1.er Janvier 1823.				
1	1	*Blé.* — Reçu du sieur la quantité de cinquante hectolitres de froment pour les fermages échus le du domaine qui lui a été affermé au prix annuel de hectolitres de froment, suivant acte du ; lesquels, évalués à raison de quinze fr. l'hectolitre, représentent une somme de sept cent cinquante francs, ci........	50	»	»	750 *f.*
		Du 4 idem.				
6	1	*Vin.* — Reçu du sieur la quantité de cent hectolitres de vin pour les fermages échus le du domaine qui lui a été affermé au prix annuel de , suivant acte du ; lesquels, évalués à raison de cinquante fr. l'hectolitre, représentent une somme de cinq mille francs, ci........	100	»	»	5,000
		Du 30 Novembre.				
108	......	*Blé* — Reçu du sieur trente hectolitres de froment, achetés pour subvenir aux besoins de l'Établissement, et qui, suivant l'acte d'adjudication, ont coûté quatre cent quatre-vingts francs, ci........	30	»	»	480
		Du 31 Décembre.				
120	......	*Paille.* — Reçu de l'Économe mille bottes de paille excédant les besoins de l'Établissement et à vendre au prix de cinq cents francs, suivant l'acte d'adjudication passé le , ci........	»	»	1,000 b.	500
		Report........				

N.os d'ordre	Folios du Grand-Livre	DÉPENSES ou SORTIE.	Quantités sorties — Hectol.	Quantités sorties — Kilog.	Quantités sorties — Mesures diverses	Évaluation en argent, d'après les mercuriales
		Du 1.er Janvier 1823.				
1	1	*Blé.* — Livré à l'Économe la quantité de cinquante hectolitres de blé reçus en nature, et qui lui sont remis pour le service de l'Établissement, suivant procès-verbal de ce jour, ci........	50	»	»	750 *f.*
		Du 4 idem.				
10	1	*Vin.* — Livré à l'Économe la quantité de cent hectolitres de vin reçus en nature, et qui lui sont remis pour le service de l'Établissement, suivant procès-verbal de ce jour, ci........	100	»	»	5,000
		Du 30 Novembre.				
95	......	*Blé.* — Livré à l'Économe la quantité de trente hectolitres de blé achetés pour le service de l'Établissement, au prix de quatre cent quatre-vingts francs, ci........	30	»	»	480
		Du 31 Décembre.				
101	......	*Paille.* — Livré au sieur , adjudicataire de la vente de paille passée le , les mille bottes qui lui ont été adjugées au prix de cinq cents francs, ci........	»	»	1,000 b.	500
		Report........				

N.° 10. — Hospice d — Année 182

Département d — Arrondissement d

GRAND-LIVRE DES RECETTES ET DÉPENSES EN NATURE.

I.re Section. *Comptes des Produits en nature récoltés dans l'Établissement.*

DOIT. — BLÉ.

N.os du journal.	DATES.	MONTANT DES QUANTITÉS A CONSOMMER, d'après l'état de développement annexé au budget.....	QUANTITÉS sorties.	ÉVALUATION en argent, d'après les mercuriales.
1	1.er janvier.	Livré à l'Économe la quantité de cinquante hectolitres de froment pour le service de l'Établissement, ci........................	50 h.	750 f.

VIN.

N.os du journal.	DATES.	MONTANT DES QUANTITÉS A CONSOMMER, d'après l'état de développement annexé au budget.....	QUANTITÉS sorties.	ÉVALUATION en argent, d'après les mercuriales.
10	15 janvier.	Livré à l'Économe la quantité de cent hectolitres de vin pour le service de l'Établissement, ci..............................	100 h.	5,000 f.

BLÉ. — AVOIR.

N.os du journal.	DATES.	MONTANT DES QUANTITÉS A RECOUVRER sur l'exercice courant, d'après l'état de développement annexé au budget.............................. sur les exercices antérieurs, d'après le dernier compte.	QUANTITÉS reçues.	ÉVALUATION en argent, d'après les mercuriales.
1	1.er janvier.	Reçu du sieur la quantité de cinquante hectolitres de froment, pour ses fermages échus le , ci...	50 h.	750 f.

VIN.

N.os du journal.	DATES.	MONTANT DES QUANTITÉS A RECOUVRER sur l'exercice courant, d'après l'état de développement annexé au budget.............................. sur les exercices antérieurs, d'après le dernier compte.	QUANTITÉS reçues.	ÉVALUATION en argent, d'après les mercuriales.
6	4 janvier.	Reçu du sieur la quantité de cent hectolitres de vin, pour ses fermages échus le , ci...	100 h.	5,000 f.

II.e Section. *Comptes des Produits en nature, provenant d'achats.*

BLÉ.

N.os du journal.	DATES.		QUANTITÉS sorties.	ÉVALUATION en argent.
96	30 novembre.	Livré à l'Économe la quantité de trente hectolitres de blé, achetés pour le service de l'Établissement, ci........................	30 h.	480 f.

PAILLE.

N.os du journal.	DATES.		QUANTITÉS sorties.	ÉVALUATION en argent.
120	31 décembre	Livré au sieur , adjudicataire de la vente de paille passée le , les mille bottes qui lui ont été adjugées au prix de cinq cents francs, ci.	1,000 b.	500 f.

BLÉ.

N.os du journal.	DATES.		QUANTITÉS reçues.	ÉVALUATION en argent.
108	30 novembre.	Reçu du sieur trente hectolitres de froment, achetés pour subvenir aux besoins de l'Établissement..................	30 h.	480 f.

PAILLE.

N.os du journal.	DATES.		QUANTITÉS reçues.	ÉVALUATION en argent.
101	31 décembre.	Reçu de l'Économe mille bottes de paille excédant les besoins de l'Établissement, et à vendre au prix de cinq cents francs, d'après l'acte d'adjudication passé le , ci.	1,000 b.	500 f.

N.° 11.

DÉPARTEMENT
d

ARRONDISSEMENT
d

HOSPICE *d*

Année 182 .

COMPTE FINAL
DES RECETTES ET DÉPENSES,

Rendu par le S.r
Receveur de l'Hospice d
Pour l'Année 182 .

FOLIOS du GRAND-LIVRE.	DÉTAIL DES ARTICLES DE RECETTE.	RECETTES relatives AUX EXERCICES antérieurs.		RECETTES relatives A L'EXERCICE courant.	
	PREMIÈRE PARTIE. **Gestion en deniers.**				
	TITRE I.er				
	CHAPITRE I.er — Recettes ordinaires.				
	§ 1. *Reliquat du dernier Compte.*				
	Fait recette le comptable de la somme de dix-huit cents fr. formant le reliquat du compte de 182 , ci..	1,800	»		
	§ 2. *Loyers de Maisons et Terrains.*				
	Fait recette le comptable de la somme de due pour loyers de maisons et terrains, savoir : par le S.r pour les loyers de la maison sise à dont pour les exercices et pour le présent exercice, ci..............................				
	Nota. Il faut avoir soin de porter en recette toutes les recettes effectuées ou restant encore à effectuer : ces dernières seront ensuite portées au titre des reprises.				
	TOTAL des recettes ordinaires......				
	CHAPITRE II. — Recettes extraordinaires.				
	TOTAL des recettes extraordinaires.....				
	TITRE II.				
	Reprises.				
	Fait reprise le comptable de la somme de restant due sur les loyers des maisons et terrains, savoir :				
	Par le S.r pour loyers de la maison sise à sur l'exercice la somme de , ci.............				
	Par le S.r , etc., ci..............................				
	TOTAL des reprises............				
	RÉCAPITULATION.				
	Les recettes ordinaires s'élèvent à la somme de (*en toutes lettres*) , ci.....				
	Les recettes extraordinaires à (*idem.*) , ci.....				
	TOTAUX..................				
	Déduction faite des reprises qui s'élèvent à la somme de (*en toutes lettres*) , ci.				
	L'effectif des recettes ordinaires et extraordinaires est de.......				
	Nota. L'addition des divers résultats des comptes ouverts au grand-livre (Recettes) doit présenter un total égal à celui de l'effectif des recettes ordinaires et extraordinaires.				

FOLIOS du GRAND-LIVRE.	DÉTAIL DES ARTICLES DE DÉPENSE.	DÉPENSES relatives AUX EXERCICES antérieurs.	DÉPENSES relatives A L'EXERCICE courant.
	TITRE III.		
	CHAPITRE I.er — Dépenses ordinaires.		
	Traitemens des Médecins et Chirurgiens.		
	Fait dépense le comptable de la somme de pour traitemens payés aux médecins et chirurgiens de l'hospice, sur l'exercice ci.....		
	TOTAL des dépenses ordinaires.....		
	CHAPITRE II. — Dépenses extraordinaires.		
	TOTAL des dépenses extraordinaires.....		
	RÉCAPITULATION.		
	Les dépenses ordinaires s'élèvent à la somme de (*en toutes lettres*) ci.....		
	Les dépenses extraordinaires, à (*idem*) , ci.....		
	TOTAUX..................		

FOLIOS du GRAND-LIVRE.	DÉTAIL DES ARTICLES DE RECETTE.	QUANTITÉS REÇUES.			ÉVALUATION EN ARGENT, d'après LES MERCURIALES.
		HECTOL.	KILOG.	MESURES diverses.	

SECONDE PARTIE.

Gestion en nature.

TITRE I.er

CHAPITRE I.er — Produits en nature récoltés dans l'Établissement.

Blé.

Fait recette le comptable du montant des fermages en blé à recouvrer;
Dont, sur les exercices antérieurs.....................
Et sur l'exercice courant.....................

Savoir :

Vin.

Seigle.

Montant des produits provenant des récoltes.....................

CHAPITRE II. — Produits en nature provenant d'achats.

Blé.

Fait recette le comptable du montant des quantités de froment achetées pour subvenir aux besoins de l'hospice, ci.....................

MONTANT des produits provenant d'achats.....

TITRE II.

Reprises.

Fait reprise le comptable des articles restant dus sur le fermage en blé,
Sur les exercices antérieurs.....................
Et sur l'exercice courant.....................

Savoir :

Par le S[r].
Par le S[r].
etc.

TOTAL des reprises;
Dont, sur les exercices antérieurs. . . . .
Et sur l'exercice courant. . . . .

RÉCAPITULATION.

Produits récoltés en nature. . . . .
Produits en nature provenant d'achats. . . . .

TOTAUX. . . . .
DÉDUCTION faite des reprises, qui s'élèvent à. . . . .
L'EFFECTIF des produits en nature est de.. . . . .
Dont, sur les exercices antérieurs. . . . .
Et sur l'exercice courant. . . . .

FOLIOS du GRAND-LIVRE.	DÉTAIL DES ARTICLES DE DÉPENSE.	QUANTITÉS SORTIES.			ÉVALUATION EN ARGENT, d'après LES MERCURIALES.
		HECTOL.	KILOG.	MESURES diverses.	
	TITRE III.				
	CHAPITRE I.er — Versemens sur les Produits en nature récoltés dans l'Établissement.				
	Blé.				
	Fait dépense le comptable du montant des quantités de froment remises à l'Économe pendant l'année 182 , ci.				
	Montant des versemens sur produits récoltés.				
	CHAPITRE II. — Versemens sur produits en nature provenant d'achats.				
	Blé.				
	Fait dépense le comptable du montant des quantités de froment achetées pour subvenir aux besoins de l'Établissement et remises à l'Économe, ci.				
	Paille.				
	Fait dépense le comptable des quantités vendues comme excédant les besoins de l'Établissement, ci.				
	Montant des versemens sur produits en nature provenant d'achats				
	RÉCAPITULATION.				
	Versemens sur produits récoltés.				
	——— sur produits provenant d'achats.				
	TOTAL des versemens.				

RÉCAPITULATION GÉNÉRALE.

Les Recettes effectuées en argent s'élèvent à..		
Les Recettes effectuées, provenant des produits en nature récoltés par l'Établissement, ont été évaluées à.		
Total..		
Les Dépenses effectuées en argent s'élèvent à.		
Les Versemens faits sur les produits récoltés ont été évalués à		
Partant, le Receveur est reliquataire (*ou* en avance) de la somme de. .		

Dont en argent et en produits.

Rendu le sauf erreur ou omission.

Le Receveur de l'Hospice,

DÉPARTEMENT
d

N.° 12.

ARRONDISSEMENT
d

ÉTAT des Produits et Consommations en nature, de l'Hospice de
pendant l'année 182 .

NATURE des OBJETS DE CONSOMMATION.	QUANTITÉS			TOTAL.	QUANTITÉS		OBSERVATIONS.
	EXISTANT en magasin, au 1.er janvier.	REÇUES dans le courant de l'année, provenant des revenus en nature.	REÇUES dans le courant de l'année, provenant des achats qui ont été faits.		CONSOMMÉES dans le cours de l'année.	RESTANT en magasin, au 31 décembre.	
Farine.							
Pain.							
Viande.							
Vin.							
Bière.							
Huile.							
Avoine.							
Paille.							
Foin.							

ARRÊTÉ par nous Administrateurs de l'Hospice d

Le 182

DÉPARTEMENT
d

N.° 13.

ARRONDISSEMENT
d

ÉTAT des Dépenses de l'Hospice d qui restaient à acquitter sur l'année 182 .

NATURE DES DÉPENSES.	SOMMES à dépenser d'après le budget.	PAIEMENS effectués.	RESTE à acquitter.	*OBSERVATIONS.*
Traitemens des médecins et chirurgiens. . . .				
Gages des employés et servans.				
Réparations et entretien des bâtimens				
Entretien du mobilier, des ustensiles.				
Dépenses du coucher				
Linge et habillement.				
Blé, farine, pain..				
Viande.				
Vin				
Comestibles				
Menus objets de consommation				
Blanchissage.				
Chauffage.				
Éclairage..				
Dépenses de pharmacie, etc.				
Pensions ou rentes à la charge de l'Établissement.				
Entretien et menues réparations des propriétés.				
Contributions assises sur ces propriétés.. . . .				
Dépenses des mois de nourrices et pensions.. .				
Frais de layettes et vêtures.				
Frais de bureau.				
Frais de procédure.				
Constructions et grosses réparations				
Achat de terrains et bâtimens				
Dépenses imprévues.				
TOTAUX.				

CERTIFIÉ par nous Administrateurs de l'Hospice d

A le 182

DÉPARTEMENT
d

ARRONDISSEMENT
d

N.° 14.

Relevé du Compte rendu par le S.r
Receveur de
pour l'année 182
arrêté par le Préfet, en conseil de Préfecture, le

COMMUNE
d

EXERCICE 182

# PREMIÈRE PARTIE. ## Gestion en deniers. ### TITRE I.er — *Recettes.* Chapitre I.er — Recettes ordinaires.	RECETTES SUR les exercices antérieurs.	RECETTES SUR l'exercice courant.	TOTAL.
Art. 1.er Loyers des maisons et terrains.			
2 Fermages, en argent, des biens ruraux.			
3 Coupes de bois réglées.			
4 Rentes sur l'État.			
5 Rentes sur particuliers.			
6 Rentes sur communes.			
7 Intérêts de capitaux placés au Mont-de-Piété.			
8 Fonds alloués sur l'octroi.			
9 Produit des droits sur les spectacles, bals, concerts.			
10 Pensions (pour admission).			
11 Journées de militaires.			
12 Produit de la pharmacie.			
13 Produit du travail de la maison.			
14 Dons, aumônes et collectes.			
15 Produit de la vente des effets des décédés.			
16 Amendes et confiscations.			
17 Fonds alloués pour le service des enfans trouvés.			
18 Recettes imprévues.			
19			
20			
21			
22			
23			
Total des recettes ordinaires.			
Chapitre II. — Recettes extraordinaires.			
Art. 1.er Excédant du compte de l'année précédente.			
2 Coupes de bois extraordinaires.			
3 Legs et donations.			
4 Rachats de rentes.			
5 Ventes de terrains et maisons.			
6 Remboursemens de capitaux.			
7			
8			
9			
10			
Total des recettes extraordinaires.			

TITRE II. — *Reprises.*

(Détailler ici tous les articles de recettes sur lesquels il reste des recouvremens à faire).

	REPRISES SUR les exercices antérieurs.	REPRISES SUR l'exercice courant.	TOTAL.
TOTAL des reprises.			

RÉCAPITULATION.

Les recettes ordinaires ont été de.			
Les recettes extraordinaires, de.			
TOTAUX.			
Déduction faite des reprises, qui s'élèvent à.			
L'effectif des recettes ordinaires et extraordinaires est de.			

TITRE. III — *Dépenses.*	Dépenses sur les exercices antérieurs.	Dépenses sur l'exercice courant.	TOTAL.
Chapitre I.er — Dépenses ordinaires.			
Traitemens des médecins et chirurgiens.			
Gages des employés et servans.			
Réparations et entretien des bâtimens de l'hospice.			
Contributions de ces bâtimens.			
Entretien du mobilier et des ustensiles.			
Dépenses du coucher.			
Linge et habillement.			
Blé, farine, pain. . . . . . . } Achetés pour le service de l'Établissement. . .			
Viande. . . . . } Achetés pour le service de l'Établissement. . .			
Vin. . . . . } Achetés pour le service de l'Établissement. . .			
Comestibles. . . . . } Achetés pour le service de l'Établissement. . .			
Menus objets de consommation. . } Achetés pour le service de l'Établissement. . .			
Blanchissage.			
Chauffage.			
Éclairage.			
Dépenses de la pharmacie, achats de médicamens.			
Pensions ou rentes à la charge de l'Établissement.			
Entretien et menues réparations des propriétés.			
Contributions assises sur ces propriétés.			
Dépenses des mois de nourrice et pensions des enfans trouvés.			
Frais des layettes et vêtures.			
Frais de bureau.			
Frais de procédure.			
Dépenses imprévues.			
Total des dépenses ordinaires.			
Chapitre II. — Dépenses extraordinaires.			
Constructions et grosses réparations.			
Achats de terrains ou bâtimens.			
Total des dépenses extraordinaires.			
RÉCAPITULATION.			
Les dépenses ordinaires ont été de.			
Les dépenses extraordinaires, de.			
Totaux.			

DEUXIÈME PARTIE. Gestion en nature.	DÉPENSES SUR		TOTAL.
	les exercices antérieurs.	l'exercice courant.	
Recouvremens à effectuer sur les produits en nature, évalués en argent.			
Reprises sur ces produits.			
Recouvremens effectués.			
Versemens faits sur les produits recouvrés en nature.			
RESTE à la charge du comptable.			
RÉCAPITULATION GÉNÉRALE.			
Les recettes effectuées, tant en deniers qu'en produits récoltés évalués en argent, ont été de.			
Les dépenses, tant en deniers qu'en versemens sur les produits récoltés évalués en argent, de.			
EXCÉDANT.			
DÉFICIT.			

Certifié par nous Préfet du Département d

A *le* 182

N.° 15.

DÉPARTEMENT d

ARRONDISSEMENT d

PROCÈS-VERBAL

De vérification de la Caisse et de la Comptabilité du S.r Receveur de l'Hospice d

Cejourd'hui mil huit cent vingt- , nous, soussigné avons procédé à la vérification ordonnée par M. le Préfet du département d , et requis le Receveur de nous présenter les sommes en numéraire existant dans la caisse, et les récépissés de celles placées au trésor royal; nous en avons immédiatement dressé le bordereau suivant :

VALEURS EN CAISSE.

1.° *Faire ici le bordereau des valeurs en caisse.*

TOTAL des valeurs. . . . . . .

Le bordereau ci-dessus de valeurs, s'élevant à la somme de (*en toutes lettres*), a été certifié exact et sincère par les soussignés,

Le *Le Receveur,*

2.° *Renseignemens sur le personnel du Receveur.*

Indiquer ici la date de la nomination du Receveur par le Ministre; la fixation du cautionnement; si le cautionnement a été fourni, ou bien ce qui s'est opposé à ce qu'il le fût; le traitement dont il jouit; enfin, faire connaître s'il exerce cumulativement d'autres fonctions.

3.° *Communication des Pièces.*

Demander communication de toutes les pièces relatives à la gestion; en faire l'examen, et déclarer si elles sont régulières, classées avec ordre, etc., etc.

4.° *Vérification des Registres de comptabilité.*

Examiner les registres du Receveur, le journal général et livre de caisse, et le grand-livre des recettes et dépenses; arrêter le livre-journal; indiquer si les registres et les écritures sont tenus avec exactitude et régularité; signaler les irrégularités qu'on y aura remarquées.

5.° *Examen des Etats trimestriels.*

Examiner (*s'il y a lieu*) les derniers états de situation transmis au préfet pour le trimestre écoulé; dire si les résultats en étaient conformes aux écritures, etc.

6.° *Formation des Etats de situation à l'époque de la vérification.*

Faire établir et signer par le comptable de nouveaux états de situation, à la date de la vérification; en prendre les résultats

En recettes. . . . .

En dépenses. . . . .

Ce qui devra présenter un excédant de. . . . .

de recettes égal au total des valeurs représentées au commencement de la vérification.

S'il y a un déficit, indiquer d'où il provient.

7.° *Revenus de l'Etablissement.*

Constater la situation des revenus de l'établissement; si le recouvrement en est arriéré, faire connaître la cause du retard; si le Receveur a employé, dans les délais prescrits, en acquisition de rentes sur l'État, les capitaux provenant de remboursemens de rentes, et le produit des legs et donations qui devaient recevoir cette destination.

8.° *Dépenses.*

Vérifier si les paiemens ont été faits en vertu des crédits ouverts au budget, ou par des décisions spéciales, sur mandats réguliers et définitifs, et appuyés des quittances et pièces nécessaires à la validité de l'acquit.

9.° *Comptes du Receveur.*

S'assurer quel a été le dernier compte rendu, et s'il y en a d'arriérés, en prescrire la reddition; s'assurer aussi si le résultat de chaque compte a été fidèlement porté au compte suivant.

10.° *Observations.*

Avoir soin de faire ensuite les observations générales auxquelles la vérification aura donné lieu.

Signaler les abus, et indiquer les moyens que l'on croira propres à les détruire et à en prévenir le retour.

11.° *Terminer le procès-verbal de la manière suivante :*

Ce fait, nous avons arrêté et signé le présent procès-verbal, qui sera transmis à M. le Préfet du département d

Fait à *le*

Le

Le Receveur,

DÉPARTEMENT

N.° 16.

ÉTAT de Mouvement des Enfans trouvés et Enfans abandonnés pendant le cours de l'année.

EXERCICE 180

DÉSIGNATION		DÉNOMINATION		RESTANT, le dernier jour de l'année précédente,			EXPOSÉS dans le cours de l'année.	NÉS dans les hospices et délaissés par leurs mères (sans autorité) dans le cours de l'année.	TOTAL DES ENFANS exposés et des enfans nés dans les hospices.	TOTAL général.	RADIATIONS des Registres d'inscriptions.					RESTANT, le dernier jour de l'année,			NOMBRE DE JOURNÉES			TERME moyen pris sur le nombre des journées.	NOMBRE des VACCINATIONS qui ont eu lieu.	OBSERVATIONS.
de L'ARRONDISSEMENT	de LA COMMUNE	de L'HOSPICE.	de la classe à laquelle appartiennent les enfans	à l'hospice.	à la campagne.	TOTAL des restans.					rendus par leurs parens.	sortis pour ne plus être à la charge des hospices.	décédés à l'hospice.	décédés à la campagne.	TOTAL des radiations	à l'hospice.	à la campagne.	TOTAL des restans.	à l'hospice.	à la campagne.	TOTAL du nombre des journées.			
			Enfans trouvés.																					
			Enfans abandonnés.																					
			TOTAUX																					

DÉPARTEMENT d

N.° 17.

ÉTAT des Dépenses des Mois de Nourrice et Pensions des Enfans trouvés et Enfans abandonnés entretenus à la campagne pendant le cours de l'année.

EXERCICE 182

DÉSIGNATION		DÉNOMINATION		DÉPENSES des enfans entretenus à la campagne dans le cours de l'année.					SOMMES PAYÉES sur les dépenses pour			SOMMES	INDICATION DES FONDS EMPLOYÉS aux paiemens effectués dans le cours de l'année.					TOTAL	OBSERVATIONS
de l'ARRONDISSEMENT.	de LA COMMUNE.	de L'HOSPICE.	de la classe à laquelle appartiennent les enfans	SOMMES DUES pour mois de nourrice et pensions [illegible] à la campagne.	INDEMNITÉS payées en exécution de l'arrêté du [illegible]	FRAIS de layette et d'inspection des enfans.	TOTAL des dépenses.	Mois de nourrice et pensions.	INDEMNITÉS payées en exécution de l'arrêté du [illegible]	FRAIS de layette et d'inspection des enfans.	TOTAL GÉNÉRAL des sommes payées.	restant à payer.	PRODUIT des amendes et confiscations.	ALLOCATION au budget des dépenses variables.	ALLOCATION au budget des centimes facultatifs.	PRÉLÈVEMENS sur les revenus des hospices.	PRÉLÈVEMENS sur les revenus des communes.	général.	
			Enfans trouvés.																
			Enfans abandonnés.																
			Totaux............																

TABLE.

PREMIÈRE PARTIE.

DES CONSEILS DE CHARITÉ.

SECONDE PARTIE.

DES HOSPICES.

TITRE PREMIER.

DES ADMINISTRATIONS DES HOSPICES ET DE LEURS AGENS.

TITRE II.

DE L'ADMINISTRATION INTÉRIEURE DES HOSPICES.

TITRE III.

DE LA GESTION DES BIENS.

TITRE IV.

DE LA COMPTABILITÉ.

TROISIÈME PARTIE.

DES BUREAUX DE BIENFAISANCE.

TITRE Ier.

DE L'ORGANISATION DES BUREAUX DE BIENFAISANCE, ET DE LEURS AGENS.

TITRE II.

TITRE III.

QUATRIÈME PARTIE.

DES ENFANS TROUVÉS ET ENFANS ABANDONNÉS.

TITRE UNIQUE.

TABLEAUX ET PIÈCES DIVERSES

A L'APPUI DES INSTRUCTIONS.

www.ingramcontent.com/pod-product-compliance
Ingram Content Group UK Ltd.
Pitfield, Milton Keynes, MK11 3LW, UK
UKHW020354180726
13839UKWH00003B/1094

9 782329 592398